May you find your own path.

길을 찾는 책
도덕경

LAOZI'S DAO DE JING

Copyright © Ken Liu, 2024
All rights reserved.

Korean language edition copyright © 2025 by Will Books Publishing Co. Published in agreement with the author, c/o BAROR INTERNATIONAL, INC., Armonk, New York, U.S.A. through Danny Hong Agency, Seoul, Korea.

이 책의 한국어판 저작권은 대니홍 에이전시를 통한 저작권사와의 독점 계약으로 윌북에 있습니다. 저작권법에 의해 한국 내에서 보호를 받는 저작물이므로 무단전재와 복제를 금합니다.

LAOZI'S DAO DE JING

길을 찾는 책
도덕경

무엇이 우리를 삶의 주인으로 살게 하는가

KEN LIU

켄 리우 | 황유원 옮김

윌북

추천의 말

고교 시절, 『도덕경』을 한 구절씩 외우곤 했다. 그래서 소설가 켄 리우가 『도덕경』을 번역한다는 소식을 듣자 "도가도는 비가도요"라는 첫 문장이 떠올랐다. 내 버전은 "말할 수 있는 도는 참된 도가 아니다"였던가? 시작부터 언어의 한계를 지적하는 이 고전을 켄 리우는 왜 번역했을까?

다들 알다시피 켄 리우는 환상적인 이야기꾼이다. 그의 소설이 언어의 한계를 뛰어넘어 우리에게 놀라운 광경을 입체적으로 펼쳐 보이는 것을 여러 번 목격한 바 있다. 그런 그에게 더 이상 소설을 쓸 수 없는 상황이 찾아왔다면? 절망 속에서 『도덕경』을 그의 문장으로 다시 쓰며 새로운 길을 발견했다면? 그 이유에서 결과까지 모두 궁금하지 않을 수 없다.

끝까지 읽으면 알겠지만, 이 책은 단순 번역이라기보다는 대화록이다. 이야기가 고갈된 소설가와 위로할 마음은 전혀 느껴지지 않는 노인의 대화. 읽다 보면 나도 끼어들고 싶은 마음이 드는 건 어쩔 수 없다. 이렇게 셋이서 티격태격하다 저절로 도달하게 되는 결론은, 하늘과 땅은 자애롭지 않으니 우리 인간들끼리라도 서로 친절할 필요가 있다는 것이다.

　잔인한 세상에 지칠 때, 이제 그만두고 싶다는 생각이 들 때, 켄 리우처럼 『도덕경』을 펼쳐보는 것도 좋겠다. 읽기 쉽고 편안한 번역이고, 노자의 말 사이사이 등장하는 켄 리우의 해설도 재미있다. 그리고 무엇보다 위로가 된다!

_____ 김연수, 소설가

살다 보면 내가 원한 줄도 몰랐던 것이 대뜸 주어질 때가 있다. 이 책이 그랬다. 켄 리우가 번역하고 산문을 곁들인 『도덕경』이 출간된다니. 노자의 『도덕경』을 거듭 읽고, 강독 수업을 몇 차례 듣고도 '완독'했다고는 차마 말한 적 없는 내게 참으로 신나는 소식이었다. 이번에는 켄 리우와 함께 헤맬 수 있겠구나! 여백을 두려워 않는 켄 리우 덕에 마를 리 없는 행간을 유영하듯 재독하였다.

춘추전국시대 노자의 문장을 팬데믹과 AI 시대 켄 리우가 번역해냈다. 지천으로 널린 혼란과 고통을 이해하고자 한 두 사람의 분투가 세상 맑은 언어로 소박하게 포개져 있다. 가르치는 사람은 아무도 없는데 나는 저절로 배우고 있다.

하지만 당신이 켄 리우의 팬이라면 당장 그의 손에서 『도덕경』을 빼앗으시라. 켄 리우가 다음과 같이 고백하기에. "노자를 읽을수록 덜 쓰고 싶어졌다." 책을 압수한 뒤에 이 책을 집어드시라. 너무하다고 생각한 그의 고백이 어느 정도 지당했다는 깨달음에 이르게 될지 모르기에. 물론 켄 리우는 글을 계속 써줘야만 한다.

나는 이 책을 읽으며 솔직히 노자의 문장보다도 켄 리우가 들려주는 해설과 이야기에 더 많은 밑줄을 그었다. 노자의 노여움을 살까 두렵진 않았다. 하늘과 땅이 그러하듯 노자 또한 우리를 신경 쓰지 않을 테니.

이 글을 꼭 읽으라고 힘주질 않는 노자와 켄 리우 때문에 나도 팔 걷어붙이고 나선다. 꼬일 대로 꼬인 바람에 웬만한 훈화는 '흰소리'로 들리는 분께, 그럼에도 내심 조용한 깨달음을 구하는 분께 이 책을 추천한다. '노자는 트위터에 최적화된 인물'이라는 켄 리우의 말마따나, 이 책은 함축적이고 깊다. 그러니 장광설은 도저히 못 견디는 분께도 이 책을 권한다. 무엇보다 한 인간이 '인생의 책'을 만나 진솔한 대화를 나누고, 그 대화를 품고 살아가는 과정을 애틋하게 여길 분께도 이 책을 권한다.

원소윤, 소설가·스탠드업 코미디언

한국어판 서문

한국의 독자 여러분께 따뜻한 인사를 전합니다. 그간 여러 권의 소설로 독자분들과 만나왔지만, 한국에서 논픽션 작품을 출간하기는 이번이 처음입니다. 이 책의 번역가, 편집자, 출판사, 그리고 독자 여러분께 깊이 감사드립니다. 부디 제가 이 책을 작업하며 누린 기쁨과 사색을 독자 여러분도 누리게 되시길 바랍니다.

『도덕경』은 여러 세기 동안 세계에서 가장 많이 번역된 책 중 하나입니다. 마음만 먹으면 누구든 자기 책장을 『도덕경』의 여러 판본으로 가득 채울 수 있을 겁니다. 세상에는 이미 무수히 많은 『도덕경』 판본이 있는데, 굳이 또 한 권의 『도덕경』이 필요할까요? 많은 이들이 인간 번역가는 한물갔다고 선언한 AI 시대에, 제 번역에 대한 회의적 시선은 충분히 타당합니다. 여러분은 언제든 챗GPT에게 무한히 많은 번역본을 만들어달라고 요구할 수도 있을 거고요.

여러분은 제가 여러분의 그 회의적 시선을 거두게 하기를, 우리는 『도덕경』의 새로운 번역본이 필요하며, 노자의 말을 새롭게 이해할 필요가 있다고 말하기를 기대하실지도 모르겠습니다. 하지만 저는 그러지 않을 겁니다.

왜냐하면 그 모든 행위는 애씀과 다툼의 한 형식이며, 『도덕경』

은 그런 일에 조금도 관심이 없기 때문입니다. 새로운 욕망의 창출과 충족, 끝없는 확장과 무한한 소비에 기반한 우리의 현대성이 지닌 패턴과 달리, 『도덕경』은 소비할 것을 내놓지도, 새로운 욕망을 발생시키지도 않습니다. 모두가 신제품을 사라고 꼬드기고, 또 다른 서비스를 구독하라고 권하고, 어떤 운동에 참여하라고 압박하는 세상에서 노자는 아무것도 팔 생각이 없습니다. 『도덕경』은 저작권에서 자유로운 채, 도그마에 구속받지도 않고, 열린 해석 속에서 모두를 초대하며 그저 거기 있을 뿐입니다. 전 우주에서 가장 넓고 반듯한 길처럼 말이죠.

여러분은 호기심 때문에 『도덕경』을 집어 듭니다. 그러다가 그 장난스러운 말들에 마음을 열면, 도에 이르는 자기만의 길을 찾게 됩니다.

애초에 저를 『도덕경』으로 이끈 것도 바로 그 급진적 개방성이었습니다. 불확실성과 두려움의 시절, 세상의 제후들이 명예를 뽐내며 활보하고 다니면서 우리를 잡초처럼 짓밟던 그때 『도덕경』은 저에게 도움과 위안을 안겨주었습니다. 노자의 통찰력 속에서 저는 불확실성 자체를 끌어안을 가능성, 우주의 아름다움과 공포에 나 자신을 내맡길 가능성, 갈망과 욕망의 굴레를 벗어던짐으로써 자유를 찾을 가능성을 엿보았습니다.

도가 사상가들은 언어에 대해 회의적이면서도, 언어를 사용하여 언어로는 붙잡을 수 없는 것으로 우리의 정신을 이끄는 데 선수입니다(혹은 어슐러 K. 르 귄의 말을 바꿔서 말하자면, 말할 수 없는 것을 말하려 듭니다). 이는 『도덕경』을 번역하는 일을 특히 더 불안정한 행위로 만듭니다. 고대 중국어에서 노자는 종종 하나의 발언에 상반된 의미를 담음으로써 각 단어가 스스로 반의어가 되게 하고, 각 구절이 로마의 신 야누스처럼 양쪽을 모두 말하게 합니다. 자기 해체적 텍스트로서 『도덕경』이 번역에 저항하는 까닭은, 그 의미가 **붙잡히지 않아서가** 아니라 **장난스럽고 구속받지 않아서** 인데, 이는 곧 지고의 자유인 소요逍遙의 본질입니다. 따라서 모든 번역은 우리가 공유하는 큰 '길' 위에 번역가가 남긴 하나의 발자취일 뿐이며, 모든 독자는 그 발자취를 따름으로써 도에 이르는 자신만의 길을 만들어 가야만 합니다.

규정되기를 거부하는 『도덕경』의 태도는 환각 현상을 일으켜서라도 늘 대답을 내놓고야 마는 현대의 AI가 지닌 전지적 태도와는 극명한 대비를 이룹니다. 노자는 모든 물음에 '나는 모른다'라고 대답하는 반면, 대규모 언어 모델LLM은 모든 것을 안다는 환상을 고집합니다. 이 대조는 그 자체로 환기하는 바가 큰데, 수용과 겸손이 인간성의 출발임을 일깨워주기 때문이죠.

제 필생의 작업은 현대 세계의 신화에 이바지하는 일이었습니다(왜냐하면, 우리가 로봇이나 우주선의 언어로 말하든 용이나 마법사의 언어로 말하든, 그것이 결국 판타지 문학의 일이니까요). 과학기술자이자 미래학자, 그리고 작가로서 제가 가장 이끌리는 신화는 언제나 의미 없는 우주에서 의미를 찾고, 한계로 가득한 세상에서 자유를 갈망하는 우리의 이야기였습니다. 제가 보기에 『도덕경』

은 자유와 의미로 향하는 길잡이에 가장 가까운 책입니다. 이 번 역서를 준비하며 저는 제게 도움이 되었던 이정표로서의 돌들을 최선을 다해 세워두었습니다. 모쪼록 여러분이 길을 찾는 데 그것들이 힘이 되기를, 또한 잠시 앉아 쉬어갈 수 있는 지표가 되어주기를 바랍니다.

    대답이 값싸고 즉각적인 시대일수록 주의와 겸손은 귀해집니다. 대규모 언어 모델은 우리의 문장을 완성하지만, 『도덕경』은 우리에게 문장을 불완전하게 남겨두는 법을, 이름 붙이기를 거부하는 것과 함께 앉아 있는 법을 가르쳐줍니다. 욕망이 떨어져 나가고 자유가 숨 쉴 공간을 얻을 때까지 말이죠. 발자취가 많을수록 걷기는 더 쉬워집니다. 여러분과 그 길을 함께 걷게 되길 고대하고 있겠습니다.

2025년 9월
매사추세츠주의 바닷가에서
켄 리우

한국어판 서문
8

도의 책
·
15

덕의 책
·
121

옮긴이의 말
195

1

도의 책

THE BOOK OF DAO

1

놀라움으로 들어가는 문

걸을 수 있는 길道은 영원한 길이 아니고, 부를 수 있는 이름은 불변하는 이름이 아니다.

없음은 천지의 시작이고, 있음은 만물의 어머니다.

마음에서 욕망을 비우라, 그리하여 도의 경이로움을 받아들일 수 있게.

마음을 의지로 가득 채우라, 그리하여 도의 극한을 알아차릴 수 있게.

이름이 다른 이 둘은 같은 원천에서 흘러나오니, 둘 다 신비로움, 신비로움 중의 신비로움, 놀라움으로 들어가는 문이라 부를 수 있으리.

딱히 서문은 아닌 서문

대부분의 책은 서문으로 시작하지만, 나는 '서문' 역할을 해줄 글을 일부러 1장 뒤에 놓았다.
약속하건대 왜 그렇게 했는지는 곧 분명해질 것이다.

노자의 『도덕경道德經』(때로는 『길과 그 미덕에 관한 책』으로 불리기도 한다) 1장에는 아마도 이 책 전체에서 가장 유명할 구절이 담겨 있다. 도가에 대해 전혀 모르는 이들도 이 구절은 한 번쯤 들어 봤을 것이다. 아닌 게 아니라 어떤 이들은 노자의 철학 전체가 이 구절에 응축되어 있다고 믿는다.

걸을 수 있는 길은 영원한 길이 아니고,
부를 수 있는 이름은 불변하는 이름이 아니다.

소란스러운 세상에서 평온함의 길을 모색하려는 책의 서두에 인용하기에 이보다 더 적절한 구절은 없을 것 같다.
하지만 실은 이 구절이 1장이 아니라면?
1970년대 초, 고고학자들은 중국 문명의 태동기부터 풍부한 역사를 품어 온 중국 호남성의 중심부인 마왕퇴馬王堆에서 기원전

2세기에 살았던 귀족들의 무덤을 발굴했다. 이 과정에서 수많은 희귀 유물이 출토되었는데, 그중에는 『도덕경』의 현존하는 가장 오래된 필사본들도 포함되어 있었다. (그렇다, 필사본'들'이다―비단 두루마리에 쓰인 두 판본●이 마왕퇴에서 발견되었다.)

마왕퇴본은 대부분의 후대 독자들이 연구해 온 『도덕경』 현행본과 비교해볼 때 미묘하고도 깜짝 놀랄만한 차이를 여럿 담고 있다. 그중 가장 큰 차이는 우리가 『도덕경』의 하편下篇으로 여기는 '덕경德經'이 마왕퇴본에서는 시작 부분에 자리한다는 사실이다. 그 대신 우리가 『도덕경』의 상편上篇으로 여기는 '도경道經'은 끝부분에 자리한다. (마왕퇴 두루마리에는 『도덕경』이라는 제목조차 붙어 있지 않고, 단지 '노자가 전하는 오천 자'라고만 되어 있을 뿐이다.) 따라서 저 1장은 시작 부분이 아니라 책의 한가운데에 위치하는 것이다.

그런데 마왕퇴 두루마리조차 『도덕경』의 **가장** 오래된 판본은 아니다. 그 영예는 마왕퇴에서 북쪽으로 수백 킬로미터 떨어진 곽점촌郭店村의 한 무덤에서 발견된 죽간본竹簡本에게 돌아간다. 1993년에 발굴된 그 판본의 연대는 기원전 4세기로 거슬러 올라간다. 전국 시대 초나라 특유의 아름다운 서체로 쓰인 이 죽간본은 마왕퇴본보다 1세기 이상 앞선다. 죽간본은 마왕퇴본이나 현

● 보통 '백서본帛書本'이라고 부르며, 두 판본이란 '갑본甲本'과 '을본乙本'을 가리킨다.

행본의 체계를 따르지 않으며, 여러 해에 걸쳐 이루어진 편집본으로 보인다.

마왕퇴본과 곽점본을 더 '진본'이자 더 '권위 있는' 텍스트라고 부르는 이들도 있다. 아마도 후대 필사자와 편집자의 개입이 없는 판본일 거라고 믿으면서 말이다. 하지만 나는 그런 생각이 그리 유익하다고 보지 않는다. 마왕퇴본과 곽점본 역시 『도덕경』이 처음 쓰인 지 수 세기가 지난 후 기록된 판본일 뿐이며, 현행본은 수천 년 동안 축적된 주석으로 여러 세대의 독자와 사상가 들의 이해를 형성해 왔기에 그 나름의 권위를 지니고 있다.

작가로서 나는 텍스트라는 것이 얼마나 불안정한지, 권위를 추적하거나 강제하는 일이 얼마나 허망한지에 대해 너무나도 잘 알고 있다. 내가 발표한 모든 소설은 여러 판본으로 존재하고, 전달과 출간 과정에서 여러 수정이 이루어진다. 오자와 편집자의 개입이 때로 정본을 결정하며, 내가 수정한 부분은 제때 인쇄에 반영되지 못한다. 초판과 개정판이 독자의 관심을 놓고 경쟁하며, 심지어 내가 선호하는 '최종' 판본조차 번역본, 축약본, 발췌본, 해적판, 심지어 검열판에 종종 밀려나곤 한다. 내가 쓴 단편이나 장편 가운데 내가 의도한 형태 그대로 온전히 출간된 작품은 단 한 편도 없다. 엄밀히 말해서 내 소설의 '권위 있는' 판본은 내 머릿속 말고는 그 어디에도 존재하지 않는다. 그리고 내가 죽으면 그것은 사라지고 말 것이다. 오직 손으로 만질 수 있는, 권위 없는 텍스트들만 남을 것이다.

하지만 이는 세상에 퍼져 여러 판본으로 존재하게 된 모든 글에 똑같이 해당되는 일이다. 게다가 기호의 나열일 뿐인 텍스트는 의미의 발생지가 아니다. 이해는 독자의 정신이 자기만의 경험과 기대라는 언어로 텍스트를 가득 채우고, 죽은 텍스트를 살아 있는 이야기로, 자기 고유의 이야기로 변형시키는 순간 발생하는 것이다. 모든 독서는 번역이자 편집이며, 수정이고 교정이자 개작이다. 다른 방식은 존재하지 않는다.

따라서 **진본**이나 **정본**이라는 말은 늘 다른 의미를 내포한 용어로, 그것은 사실 자체보다는 판단에 있어 권력을 지니고자 하는 이들에 대해 더 많은 것을 말해준다.

없음은 천지의 시작이고, 있음은 만물의 어머니다.
마음에서 욕망을 비우라, 그리하여 도의 경이로움을 받아들일 수 있게.
마음을 의지로 가득 채우라, 그리하여 도의 한계를 알아차릴 수 있게.

내 생각에 더 유익한 접근은, 노자가 언어에 대한 집착, 즉 살아 있는 지혜 자체가 아닌 단지 그림자나 흔적에 지나지 않는 것에 대한 집착을 대체로 경멸했음을 떠올리는 것이다. 어느 장이 자리하는 곳이 시작인지 끝인지 중간인지는 중요하지 않다. 왜냐하면 도 자체에는 시작도 끝도 중간도 없으니까.

그런 까닭에 나는 마왕퇴본과 곽점본을 참고하되 그것들을 현행본보다 더 권위 있는 판본으로 다루진 않았고, 전통적인 본문 순서도 바꾸지 않았다.

나는 앞으로도 우리가 마왕퇴본과 곽점본 같은 판본을 더 많이 발견하게 되길 바란다. 그리하여 더 많은 흔적과 그림자와 자취를 연구할 수 있게 되길 바란다. 하지만 궁극적인 축복은 더 많은 텍스트의 발견이 아니라 도를 더 가까이서 느끼게 되는 데 있다.

『도덕경』이라는 텍스트의 불안정성 때문에 나는 서문을 1장 뒤에 놓기로 했고, 연대표나 주석이나 노자의 일대기나 우화나 논평 같은 것들―관습적으로 부록의 위치로 내쫓기는 것들―은 책 곳곳에 흩어 놓았다. 노자가 관습을 따르는 일에 딱히 신경 썼을 것 같지 않고, 때로 우리는 지도를 버려야만 길을 찾을 수 있기 때문이다.

그러면 이제 본격적인 서문으로 들어가 보자. 이천오백 년 전에 쓰인 노자의 이 책은 사실 따로 소개가 필요 없다. 하지만 이 특별한 판본은 소개가 필요할 듯하다. 세상에는 이미 무수히 많은 『도덕경』 판본이 존재하는데, 왜 하나가 더 필요한 걸까?

이 질문에 대한 답으로 기존 번역들의 결점을 지적할 수도 있겠다. 중국과 미국, 두 문화 속에서 자란 작가로서 내가 지닌 강점과 관점을 강조할 수도 있겠다. 원문이 속한 문화에서 태어난 사람과 외부에서 그것에 접근하는 사람이 하는 번역의 차이에 대해 말해 볼 수도 있겠다. 번역 철학에 대한 선언문을 제시할 수도 있겠다. 역사와 식민주의적 시선의 영향, 그리고 모든 게 권력 구조에 들어맞는 까닭에 그 어떤 번역도 결코 중립적일 수 없다는 사실에 대해 말해볼 수도 있겠다. 개인적 저항과 문화적 탈식민화와 문학적 유산을 되찾는 일에 관해 이야기할 수도 있겠고……

하지만 이쯤에서 그만 멈추련다. 이 모든 답은 나에게, 당신에게, 그리고 무엇보다 노자에게 하나도 중요하지 않으니까.

수많은 사람의 존경을 받아 온 세상의 철학자들 가운데 노자만큼 겸손하면서도 붙잡기 어려운 인물도 없다. 종종 노자와 함께 거론되는 동료 도가 철학자인 장자莊子가 이따금 조바심과 오만함을 드러내는 반면, 노자는 한 번도 평정심을 잃은 적이 없다. 노자의 글은 흐르는 물과 같다. 모든 것을 에워싸고 늘 물러서며, 절대 내리누르지 않으면서 늘 의심한다. 노자 철학의 핵심은 다음과 같은 생각이다. 즉 영리하다고 자처하는 사람보다 바보가 더 현명하다. 자신의 주장을 정당화하고자 애쓰기보다는 그저 진실한 삶을 사는 편이 낫다. 우위를 차지하고자 분투하고 언쟁하고 경쟁하는 일은 결국 역효과를 낸다. 당신을 의심하는 자들을 침묵시키는 가장 좋은 방법은 애초에 그들의 판에 끼지 않는 것이다.

『도덕경』에서 노자는 자신을 정당화하거나, 반론을 예상하거나, 우주에 대한 자신의 통찰을 인간 이성으로 고색창연하게 꾸미고자 삼단 논법을 제시할 필요를 느끼지 않는다. 그런 노자를 번역하는 이가 왜 자신을 정당화하거나 당신을 설득해서 귀 기울이게 할 필요를 느껴야 하겠는가?

그러니 나는 내킬 때만 내 입장을 해명할 것이며, 나의 결정은 모두 내 것이지 다른 누구의 것도 아니다. 나는 이 번역본에 각주와 용어 해설을 양념처럼 잔뜩 뿌려대지 않을 것이다. 당신 앞에 고대와 현대의 학자들을 줄줄이 나열해서 그들의 권위를 빌리려는 그릇된 노력도 하지 않을 것이다. 내 번역에 대한 비평을 예상하고서 번역의 기술적, 미학적 측면에 대한 논의를 펼쳐 보이지도 않을 것이다.

그런 태도에서는 영리함을 증명하고, 자격을 드러내 보이고, 과시하려는 노력의 기미가 느껴지는데, 이는 모두 도가적 인생관과 전적으로 배치되는 것이다. 아무리 선의로 행한 것일지라도 어떤 관점을 정당화하려는 시도는 결국 저항이고 언쟁이며, 주장이고 공격이자 지배다. 근대성은 우리에게 이런 특성들이 늘 바람직하며 보편적으로 좋은 것이라고 가르쳐 왔지만, 실상은 그 반대다. 그 특성들은 특히나 『도덕경』과 대화를 나누는 자리에서는 더욱 도움이 되질 않는다.

그 대신, 나는 이야기를 하나 들려주려 한다.

때는 팬데믹이 한창인 시기였다. 마지막으로 글을 쓴 지 몇 달이 흘러 있었다. 나는 다섯 살 이후로 이야기가 고갈된 적이 한 번도 없었다. 하지만 결국 이야기가 다 떨어진 상황을 맞이하고 말았다.

내가 하는 일은 미래에 관해, 인간이 하는 일을 통해 도래할 미래들에 관해 이야기하는 것이었다. 인간이라는 종은 결코 완벽하지 않지만, 그래도 스스로를 더 완전하게 만들려는 인간의 노력만큼은 내가 신념처럼 믿어온 것이었다.

하지만 팬데믹은 그 신념을 파괴하고 말았다. 나를 두렵게 한 것은 질병 자체가 아니라 그것들을 둘러싼 정치적 문제들이었다. 사방에서 무력의 과시, 손가락질, 편집증, 권력을 둘러싼 다툼, 전쟁을 요구하는 목소리가 넘쳐났다. 거짓말이 가장 인기 있는 이야기였고, 다양한 증오가 가장 큰 목소리였으며, 폭력이 가장 기억할 만한 행위였다.

인류 전체가 실존적 위협에 처했을 때, 전 세계의 나라와 민족들은 하나로 뭉치지 않았다. 그 대신 그들은 그것을 나누고 정복하고 무너질 완벽한 기회로 여겼다.

좀 더 분별이 있어야 할 누군가는 우리나라의 높은 사망자 수가 곧 전쟁을 치를 준비가 되었다는 신호라며 축하하는 글을 썼다. 좀 더 분별이 있어야 할 또 다른 누군가는 아시아계 미국인은 어쩌면 충분히 '미국인'이 아닐지도 모른다고 읊조리는 글을 쓰기도 했다.

문득 내 나라가 더 이상 내 집처럼 느껴지지 않았다.

미래에 관해 이야기하기란 불가능했다. 다른 이들이 쓴 이야기를 읽기도 불가능하긴 마찬가지였다. 그 다른 이야기들은 팬데믹 이전의 세상에서 일어난 일이었고, 이 사태를 전혀 반영하지 않고 있었다.

위안을 얻기 위해 나는 스토리텔링과 무관한 것들로 도망치려 애썼다. 납땜용 인두로 리본 케이블을 다리며 낡은 비디오 게임기를 고쳤다. 열기로 생기를 되찾은 오래된 인두가 메마른 접점에 다시 한번 전기를 흘려 보내자 죽어 있던 화면이 천천히 되살아나는 모습이 보였다. 나는 빵을 구우며 반죽을 치대고 겹치는 일에 몰두했다. 피쿼드호에서 이슈미얼●이 향유고래의 경뇌유 덩어리를 짜며 자신을 잊었던 것처럼. 나는 내 소설을 자료 삼아 신경망을 훈련시켰다. 내 정신의 로봇 버전이 더 이상 내가 할 수 없는 미래에 관한 이야기들을 계속 들려주길 ― 꽤나 진지하게 ― 바라며.

그러고는 『도덕경』을 읽기 시작했다.

그것이 쓰인 후 수천 년이 흐르는 동안, 노자의 책은 중국 문화와 언어에 없어서는 안 될 일부가 되었다. 『도덕경』은 셀 수 없이 많은 인용과 은유, 관용구와 숙어의 근원이다. 중국인으로 자란다는 것은 공기 중에서 노자를 들이마시는 일과 같았다. 나는 나라를 다스리는 일이 작은 생선을 요리하는 일과 다르지 않음을 알았다. 가장 훌륭한 그릇은 가마에서 맨 마지막에 나온다는 것도 알

● 허먼 멜빌의 소설 『모비 딕』의 화자이자 등장인물.

왔다. 이상적인 정치적 국가에는 닭 우는 소리와 개 짖는 소리에 관한 어떤 격언이 존재한다는 것도 알았다. 나는『도덕경』을 한 번도 읽어보지 않았음에도 이런 말들이 노자에게서 왔다는 걸 알았다. 어린 시절, 셰익스피어를 읽기 훨씬 전에도 플라스틱 해골을 들고서 "아아, 불쌍한 요릭!"•• 하고 외칠 수 있었던 것처럼 말이다.

하지만『도덕경』을 처음부터 끝까지 읽어본 적은 한 번도 없었다. 다른 많은 고전의 경우처럼, 번역과 인용, 굳어진 표현과 죽은 은유를 통해 그 책을 이미 알고 있다고 생각했을 뿐이다.

나는 필사적인 심정으로『도덕경』을 읽기 시작했다. 더 이상 이야기를 읽거나 들려줄 수 없었기 때문에 읽었다. 미래가 완전히 절망적으로 보였기 때문에 읽었다. 어둠에서 벗어날 길을 찾길 바라며 읽었다.

그리고 책은 내 예상과는 전혀 달랐다.『도덕경』에 등장하는 노자는 오리엔탈리즘 동화 속에서 공허한 상투어를 쏟아내는 친절하고 지혜로운 현자가 아니었다. 그는 날카롭되 베지 않았고, 정의롭되 판단하지 않았으며, 희망을 품되 달콤하지 않았다.

•• 셰익스피어의『햄릿』5막 1장에 나오는 대사로, '요릭'은 햄릿의 어린 시절 궁정 광대였다.

무거움은 가벼움의 뿌리이고
휴식은 무모함의 군주다.
만 대의 수레를 가진 군주가 어찌 세상의 운명을 그리 가볍게 대하겠는가?

때로 노자의 말은 클리셰처럼 들리기도 하지만, 이는 단지 그 말이 우리의 집단의식 속에 너무 깊이 스며 있기 때문이다. 때로 그는 선동가처럼, 거의 어그로꾼처럼 보일 수도 있지만, 이는 그가 언어 자체를 딱히 이치에 맞는 것으로 여기지 않기 때문이다.

비웃음을 사지 않는다면, 그것은 도가 되기에 부족하다.
나아가는 도는 물러서는 듯 보이며
똑바른 도는 휘어진 듯 보인다.

노자는 위로하지 않는다. 설득하지 않는다. 위안을 건네지도 않는다.

하늘과 땅은 자애롭지 않다. 그 둘에게 우주의 만물은 짚으로 만든 개나 마찬가지다.
도를 깨달은 자는 자애롭지 않다. 그에게 만인은 짚으로 만든 개나 마찬가지다.

그는 다만 도에 관한, 즉 섭리와 우아함과 삶 자체의 길에 관한 의견을 말할 뿐이다. 노자는 당신에게 무언가를 수긍하게 할 필요가 전혀 없는데, 애초에 무언가를 납득시키고자 애쓰지 않기 때문이다. 당신이 그의 말을 받아들이든 말든 그에게는 아무런 차이가 없다.

그 대신 노자는 독자를 자신의 텍스트와의 대화로 초대하고, 독자는 이를 통해 자신만의 길을 찾아야만 한다. 중요한 것은 텍스트가 아니라, 텍스트라는 수로 너머로 희미한 빛을 발하며 흐르는 물을 보려는 시도다. 노자는 거듭 주장한다. 도는 가르칠 수 있는 게 아니라고. 당신은 스스로 도에 이르러야만 한다.

맞서거나 판단하거나 지시하는 일에 대한 바로 그 거부를 통해 노자는 나를 위로하고 설득했으며, 내게 위안을 주었다. 필멸성을 초월한 정신과, 기나긴 세월 동안 살아남은 목소리와 대화를 나누는 것보다 더 큰 위로가 어디 있겠나?

하늘과 땅 사이는 풀무와도 같아서, 텅 비었으나 다함이 없다.
더 많이 움직일수록 더 강력한 흐름이 생겨난다.

읽으면 읽을수록 나는 더 논쟁하고, 주장하고, 반박하고 싶어졌고, 그러다 나중에는 더 물러서고, 받아들이고, 상상하고 싶어졌다. 노자의 텍스트와 나눈 그 대화 속에서 나는 내 삶의 형태를, 솔기가 터진 질문들을, 고여서 희미하게 반짝이는 패턴들을 보기 시작했다. 다시 쓰고 싶은 욕망을 느끼기 시작했다. 물론 그 일은 이 책 다음으로 미뤄야 했지만.

그것이 출구는 아니었다. 아직은. 하지만 길은 늘 걷고자 하는 욕망에서 시작되지 않았던가.

한편, 나는 노자와 나눈 대화를 기록으로 남길 수 있었는데, 더 관습적으로 말하자면 이를 번역이라고 부를 수 있을 것이다. 결국 모든 번역은 텍스트의 흐릿한 거울 속에서 텍스트의 정신을 파악하려는 번역가의 시도를 기록한 것이다. 이 번역은 그 투쟁을 숨기는 대신 그저 분명히 드러낼 뿐이다. 노자가 인정했으리라고 생각되는 어리석은 솔직함으로 말이다.

그리하여 이 책이 탄생하게 되었다.

수백 세대가 지난 후 호남성에 있는 단 하나의 무덤이 『도덕경』의 본문 순서에 대한 우리의 이해 방식을 바꿔놓을 수 있었다. 수천 번의 번역 후 이루어진 이 번역이 다른 번역은 이루지 못한 방식으로 당신의 마음을 건드릴 수도 있을지 누가 알겠나?

따지고 보면 민들레는 이미 천 송이의 다른 민들레가 피어나고 있더라도 자신이 피어나는 데 별다른 이유를 요하지 않는다. 아이는 이미 천 곡의 다른 노래가 존재해도 자신이 노래하는 데 별다른 이유를 요하지 않는다. 나는 『도덕경』의 새로운 번역을 내놓는 데 별다른 이유를 요하지 않는다. 내가 이 책을 사랑하며 그렇게 하길 바란다고 분명히 말하는 것 말고는 말이다.

앞서 말했다시피 도가에서는 대체로 말과 글에 집착하지 말아야 한다고 여긴다. 말과 글은 발자국이나 그림자, 그저 죽은 흔적과 같을 뿐이다. 우리는 그것들의 도움으로 살아 있는 진리를 발견해야 하지만, 단지 언어만으로는 살아 있는 진리를 결코 붙잡을 수 없다. 그럼에도 언어는 우리가 진리 찾기를 시도하고 의미를 붙잡으려 투쟁할 때 수단으로 삼을 수 있는 유일하고도 결함 있는 기술로 남아 있다. 이는 단지 번역과 소통의 문제만이 아니라, 우리가 우리의 초월적 자아를 구성해 내는 바로 그 수단으로서의 불완전한 언어가 지닌 주된 역설이다.

노자의 텍스트는 열려 있고, 장난기 넘치며, 다의적이고, 아예 다듬지 않은 것처럼 보일 만큼 기교적이어서 번역가에게 특히 어려움을 안겨준다. "영리해지려" 하지 말라는 노자의 경고를 마음에 새기며, 나는 이 번역에서 일부러 소박하고 직접적인 방식을 따르려 애썼고, 박식함을 포기하는 대신 명료함을 택했다. 원문의 언어유희를 모방하려고 무리하거나, 노자가 사용한 고대 중국어 어구의 의도적 애매함에 근접하려고 애쓰지 않았다. 그러려고 애쓰다가 무너진 번역가가 너무 많기 때문이다. 무엇을 말할지 택하는 것보다 무엇을 말하지 않을지 택하는 게 훨씬 더 중요하다. 그런 까닭에 나는 모든 것을 담으려다 아무것도 붙잡지 못하는 산란한 그림보다는 원문에서 가장 인상적으로 느낀 것을 포착하는 단순한 스케치를 제시하길 더 선호한다.

소박한 번역은 장식과 과시적인 기교를 피함으로써 다듬지 않은 나무로서의 도가적 이상을 추구한다. 하지만 소박한 번역이 곧 **단순화**를 의미하진 않는다. 노자는 똑바르고 단순화된 언어로, 즉 독자에게 아무런 도전도 제기하지 않는 문장과 생각을 요구하지 않는 은유로 도를 제시하지 않는다. 이는 독자가 아무 노력 없이 이해할 수 있는 문장이야말로 가장 **인위적**이기 때문인데, 그 이유는 그것이 사회의 관습과 클리셰와 시류에 가장 밀착해 있는 문장이기 때문이다. 독자에게 충격을 줘서 지속적으로 숙고하게 만들고, 도의 영원한 본성을 청자가 스스로 발견하도록 인도하기 위해, 역설적으로 노자는 의도적으로 비관습적이고 색다르면서도 매끄럽지 않은 언어를 사용해야만 했다.

노자가 말하듯 "똑바른 도는 휘어진 듯 보인다".

노자의 원전이 그러하듯, 소박한 번역은 다듬지 않은 나뭇가지를 닮으려 한다. 다듬지 않은 나뭇가지는 옹이와 돌기, 갈래와 굽이, 예기치 않은 방향 전환으로 가득해서 우리의 정신이 새로운 패턴을 찾게 만든다. 거친 껍질로 뒤덮인 그 나뭇가지는 진부하고 하찮은 것의 굳은살을 벗겨내고, 의심 없이 받아들인 현대성의 광택에 안주하며 고치처럼 휩싸인 우리 정신의 신경을 건드린다. 그것은 매끄럽지도 쉽지도 않다.

나는 중국 고전의 영어 번역에서 보이는 어떤 클리셰, 이를테면 군자君子와 성인聖人을 각각 'gentlemen'과 'sage'로 번역하는 것을 피했다. 파생물이나 모방품이 우리와 고전의 원초적인 만남을 방해하는 것과 마찬가지로, 다른 시대의 산물인 이런 클리셰들도 당대 독자들의 이해를 방해한다. 노자의 말이 현대적 정서와 어긋나 보일 수도 있는 대목은 고쳐 쓰기보다는 그대로 두는 편을 택했다. 내가 새로운 해석으로 그 말을 갱생시키기보다는, 독자가 원한다면 스스로 해석을 만들어 내는 편이 더 낫다고 생각했기 때문이다. 또한 나는 가짜 시 같은 형식을 취하길 거부했는데, 노자의 원문이 시적이긴 해도 정형시는 아니기 때문이다. 노자는 기교보다는 자연의 아름다움을 선호했고, 나 역시 번역가의 기교를 과시하는 인위적 장식을 벗겨낸 일상적인 산문의 소박한 리듬이 이 텍스트에 가장 잘 어울린다고 느낀다.

눈에 띌 만한 특별한 번역을 택했거나, 독자가 텍스트와 나누는 대화에 어떤 도움을 줄 수도 있을 몇몇 대목에서는 간단히 주석을 덧붙였다.

『도덕경』과 온전히 만나는 데 가장 큰 장애물은 서둘러 읽어버리고 싶은 유혹이다. 장들이 너무 짧고 너무 '단순'하기에, 유아기 때부터 콘텐츠를 '소비'하고, 스크롤을 하며 문단이 화면 위로 올라가기도 전에 문단의 끝까지 달려가고, 모든 단어를 마음속에 채우기보다는 '핵심 아이디어'를 스캔하도록 훈련된 현대의 독자는 이 책을 이십 분 만에 끝내고 싶은 유혹을 느낀다. 그런 식으로 접근하면 『도덕경』을 소비할 수는 있겠지만, 결코 그것을 읽었다고 주장할 수는 없을 것이다.

그런 유혹에 대응하기 위해, 나는 이 번역에 장자의 우화 몇 편을 덧붙였다. 장자는 또 다른 도가의 스승으로, 그의 환상적인 이야기들은 여러 세대에 걸쳐 독자들을 위해 『도덕경』을 조명해 왔다. 그 이야기들은 텍스트에 질감을 더해주고, 정신이 발을 디딜 수 있는 지점을 더해주며, 살필 수 있는 틈새와 구멍을 더해준다. 그렇다고 특정한 논점을 '설명'하고자 그 이야기들을 덧붙인 것은 아니다. 그보다는 대화의 흐름에서 내게 자연스럽게 느껴지는 자리에 그냥 놓아둔 것이다.

더 많은 지식은 더 좁은 길로 인도할 뿐이니, 계속 텅 빈 채 열려 있는 편이 낫다.

부디 당신이 계속 텅 빈 채 열려 있기를.

2

아름다움 없이

모두가 아름다움을 아름다운 것으로 알기에, 추함이 생겨나기 시작한다.

모두가 선함을 선한 것으로 알기에, 악함이 의미를 지닌다.

있음과 없음은 서로를 낳고, 어려움과 쉬움은 서로를 완성하며, 깊과 짧음은 서로를 보완하고, 높음과 낮음은 서로를 채우며, 소리와 음절은 서로 조화를 이루고, 앞과 뒤는 서로 순서를 이룬다. 언제나.

그리하여 도를 깨달은 자는 아무것도 하지 않음으로써 행하고, 말없이 가르친다.

그는 세상이 방해 없이 번창하도록 내버려 둔다.

소유 없이 창조하고, 기대 없이 베풀며, 남의 인정 없이 공을 이룬다.

아무런 소유권도 주장하지 않음으로써, 도를 깨달은 자는 영원히 일한다.

3

아무것도 하지 않음으로써 행하라

재능을 귀하게 여기지 않으면 경쟁하려는 욕구가
사라진다.
희귀한 것을 귀하게 여기지 않으면 도둑질하려는 마음이
사라진다.
탐나는 것을 과시하지 않으면 사람들의 마음이
차분해진다.
도를 깨달은 자의 다스림은 마음을 비우게 하고,
배를 채워주며, 야망을 약하게 하고, 기골을 강하게 하며,
백성을 지식과 욕망으로부터 자유롭게 해줌으로써
술책이 뛰어난 자도 감히 행위하지 못하게 한다.
아무것도 하지 않음으로써 행하라, 그러면 되지 않을
일이 없다.

노자의 생애

　모든 텍스트는 그것이 쓰인 시대에 의해 규정되는 동시에 그 시대를 넘어선다. 『도덕경』을 이해하려면 그것이 쓰인 시대에 대해 조금 알아두는 편이 좋을 것이다.
　이집트, 메소포타미아, 그리스, 로마에 비해 중국의 고전 문명(기원전 221년 진나라 건국 이전 시기의 문명)이 후대에 남긴 텍스트는 상대적으로 적다(다행스럽게도 『도덕경』은 그중 하나다). 마왕퇴와 곽점촌에서 이루어진 것 같은 대발견은 극히 드물다. 이처럼 텍스트가 적은 데는 여러 이유가 있겠지만, 적어도 그중 한 가지 원인은 훗날 하나의 중국으로 통합될 수많은 중국어권 소국들 사이의 끊임없는 전쟁이었다.
　이 국가들이 명목상 주나라 왕의 제후국이었던 기원전 8세기와 3세기 사이의 시대는 다시 춘추 시대와 전국 시대로 나뉜다. '전국戰國' 시대라는 말만으로도 이 혼란스러운 시기의 성격을 충분히 짐작할 수 있으리라. 청동기 시대에서 서서히 철기 시대로 옮겨오면서 제후들은 수만 명의 군사와 수천 대의 전차를 일으켜 드넓은 평야와 비옥한 하곡河谷을 장악하려 다투었고, 도시를 철저히 파괴하고 포로를 학살했다. 끝없이 이어지는 전쟁은 백성에게 이루 말할 수 없는 고통을 안겨주었고, 문헌과 유물, 건축물과 예술도 파괴했다. 이러한 난세는 기원전 221년에 진나라가 다른 나라를 모두 정복하기 전까지 잦아들지 않았다.

사상가들이 사방에서 벌어지는 죽음을 이해하려 애쓰고, 끊임없는 불안정에서 도피하거나 그로부터 빠져나갈 새로운 길을 찾던 그 시대에 중국 고전 철학은 찬란히 피어났다. 저술가와 웅변가 들은 유가(자애로움과 인본주의를 강조했다), 법가(효율적인 행정과 현실 정치를 강조했다), 묵가(겸애와 경험주의를 강조했다) 등의 수많은 학파를 세웠다.

도가(혹은 '길의 철학')도 그중 하나였고, 『도덕경』은 바로 그 도가의 기초가 되는 텍스트였다. 『도덕경』이 도, 즉 길에 관한 책이라는 사실을 미리 말한다 해도 스포일러가 되지는 않을 것이다. 그 길이란 무엇보다도 혼란과 전쟁과 고통에서 빠져나와 조화와 평화와 기쁨으로 가는 길이다.

이 텍스트와 대화를 나누는 동안 페이지마다 전국 시대의 역사가 그림자처럼 드리워져 있음을 느끼지 않기란 불가능하다.

노자가 "만 대의 수레를 가진 군주"를 말할 때, 그것은 **단순한 관용구가** 아니다. 노자가 암말이 전쟁터에서 강제로 망아지를 낳는 장면을 쓸 때, 그것은 **그저** 감정적으로 강렬한 이미지에 불과한 것이 아니다. 그가 위험과 위협과 죽음과 상실에 대해 거듭 말할 때, 그것들은 결코 추상적 관념이 아니다.

재능을 귀하게 여기지 않으면 경쟁하려는 욕구가 사라진다.
희귀한 것을 귀하게 여기지 않으면 도둑질하려는 마음이

사라진다.
탐나는 것을 과시하지 않으면 사람들의 마음이 차분해진다.

이런 간청의 의미를 온전히 이해하려면, 제후들의 야망과 강대국의 우월감이 불러온 고통을 기억해야만 한다. 이는 현대의 인류에게도 너무나 친숙한 공포다. 설령 '선진국'에 사는 이들은 그들 대신 선진국의 선거에 참여할 수 없는 먼 나라의 희생자들을 대상으로 수행되는 정책의 결과로부터 대체로 보호받아 왔다고 하더라도 말이다.

노자가 글을 쓰던 때는 위대한 발명과 기술적, 사회적 변화가 일어나던 시기였다. 모두가 어둠 속에서 더듬거리며 새로운 세계 질서의 출현을 찾았고, 제후들은 전쟁을 찬양했으며, 현명한 책사들은 패권과 종속의 문제로 초조해했다. 아름다움은 공포와 겨루었고, 혼돈은 영리함과 함께 춤추었으며, 세상은 장대한 이론과 하찮은 경쟁으로 뒤흔들렸다. 개인이든 나라든 그 어두운 숲을 빠져나가는 길은 도무지 보이지 않았다.

이 모든 게 우리 시대의 상황과 비슷하게 들리지 않는가?

노자의 시대에서 살아남은 텍스트가 상대적으로 적은 까닭에 우리는 그에 대해 아는 게 많지 않다. (노자老子는 이름이라기보다는 애정과 존경을 함께 담아 부르는 별명에 가깝다. 이를테면 '늙은 스승'

정도를 뜻하는 말이다.)

이러한 일대기적 정보의 결핍은 그 시대의 여러 위대한 사상가들, 이를테면 노자의 동료 도가 철학자인 장자에게도 해당한다. 하지만 장자는 자신이 쓴 우화 속 인물로 생생히 다가오며 그 성격을 분명히 전해주는 반면,『도덕경』속 노자는 자신을 드러내지 않는다. 노자의 목소리는 마치 아비●가 날아간 뒤에도 뉴잉글랜드 호수 위에 한참을 남아 서서히 사라지는 울음처럼 텍스트 속으로 스며들어 사라진다.

그가 그 끝없는 전쟁의 시대 중 정확히 어느 시기에 살았는지조차 우리는 알지 못한다. 어떤 기록에서는 그가 공자孔子와 동시대인으로 등장하는데, 그러면 그가 살았던 시기는 기원전 6세기 무렵이 될 것이다. 하지만 어떤 이들은 그를 기원전 4세기에 살았던 장자와 동시대인으로 보기도 한다(그렇다면 노자만큼 위대하지만 성격은 아주 다른 철학자인 플라톤과 비슷한 시기가 될 것이다).

우리가 노자의 생애에 대한 앎으로 여기는 내용 대부분은 동시대의 기록이 아니라 적어도 이백 년(어쩌면 오백 년) 후에 쓰인 짤막한 전기에서 비롯된 것이다. 중국 역사를 체계적으로 기록한 최초의 역사가 사마천司馬遷은 중국의 네 철학자인 노자, 장자, 신불해申不害, 한비자韓非子의 생애를 한데 묶은 짧은 전기●●를 남겼다.

● 아비과에 속한 바닷새.

(오늘날 우리가 보기에는 기이한 조합이다. 사마천이 서로 다른 시대의 인물들을 한 항목에 넣은 이유는 그들에게서 사상의 연속성을 보았기 때문이다. 하지만 도가인 노자와 장자는 법은 적을수록 좋다고 생각한 반면, 법가인 신불해와 한비자는 통치의 핵심이 개입하고 또 개입함에 있다고 보았다. 내가 보기에 이들을 그럴듯하게 한데 묶는 것은 너무나도 엄청난 영리함을 요구하는 일이고, 그러니 나는 이 문제에 관해 더는 논하지 않으련다.)

사마천에 따르면 노자는 초나라(오늘날의 허난성)에서 태어났다. 이름은 이이李耳, 자는 담聃이었으며, 주나라 장서실의 관리자로 일했다.

노자가 어떤 인물인지 묘사하기 위해 사마천은 유가의 위대한 성인이자 창시자인 공자와 노자의 만남에 관한 이야기를 다음과 같이 전한다.

공자는 수도로 가던 도중 노자에게 들러 가르침을 구했다.

노자는 그에게 말했다. "그대는 이미 뼈가 다 썩어 없어진 죽은 성인들의 말을 가르치고 있소. 그것은 공허한 메아리만 남은 말일 뿐이오. 때를 잘 만나면 현자는 궁중의 신하가 되어 마음껏 달릴 공간을 얻은 말처럼 자유로이 뜻을 펼칠 수 있지만, 운이 따라주지 않으

◆◆ 『사기史記』의 '열전列傳'에 수록된 '노자·한비 열전老子韓非列傳'을 가리킨다.

면 길가의 잡초 더미처럼 바람에 이리저리 굴러다닐 수밖에 없소. 내가 듣기로 훌륭한 장사꾼은 보물과 물건을 잘 숨겨서 겉으로는 아무것도 없는 것처럼 보이고, 현자는 덕을 쌓는 데 힘쓰면서도 겉으로는 어리숙하고 초라해 보인다고 하오. 그대는 교만함과 욕심을 버려야만 하는데, 명예와 야망은 그대에게 이롭지 않기 때문이오. 내가 그대에게 당부할 말은 이뿐이오."

공자는 제자들에게 돌아와서 이렇게 말했다. "새는 날 수 있고, 물고기는 헤엄칠 수 있으며, 짐승은 뛰어다닐 수 있다는 것을 나는 알고 있다. 뛰어다니는 것은 그물로 잡을 수 있고, 헤엄치는 것은 낚시로 잡을 수 있으며, 나는 것은 화살로 떨어뜨릴 수 있다. 하지만 용은…… 어찌하면 좋을지 알 수가 없구나. 용은 바람을 타고 구름 사이를 오르니 말이다. 오늘 나는 범부들 사이에서 용을 보았다."

공자와 노자가 주역으로 등장하는 이런 이야기는 널리 퍼져 있으며, 우화의 형식으로 두 사람이 지닌 철학의 차이를 보여준다. 이 책에서도 이런 이야기를 몇 번 더 만나게 될 것이다.

어쩐지 헤로도토스가 "나는 그저 들은 것을 받아적을 뿐"이라며 말한 기상천외한 이야기들을 떠올리게 하는 방식으로, 사마천은 이렇게 덧붙인다. "어떤 이는 노자가 백육십 세까지 살았다고 하고, 또 어떤 이는 그가 이백 세까지 살았다고도 한다. 그의 장수는 도를 닦아 수양한 결과였다."

또한 사마천은 노자와 그가 남긴 단 한 권의 책에 관해서도 이야기하는데, 그 전문을 인용하면 다음과 같다.

노자는 도와 덕을 닦았는데, 그의 철학은 그것을 실천하는 사람에게 속세에서 물러나 명예를 멀리하라고 일렀다. 주나라의 쇠망이 불가피함을 내다본 그는 자신의 철학에 따라 떠나기로 결심했다. 함곡관에 이르자 그곳 관문을 지키던 윤희尹喜가 그에게 말했다. "선생님, 이제 속세를 떠나려 하시니, 부디 선생님의 가르침을 글로 남겨주십시오." 그리하여 결국 노자는 오천여 자로 된 두 부짜리 책을 지었다. 그가 함곡관을 지나 어디로 갔는지는 아무도 모른다.

마왕퇴와 곽점촌에서 발견된 텍스트를 통해 우리가 확인할 수 있듯이, 이 책이 바로 『도덕경』이다.

노자에 관해서는 여러 설이 있다. 그가 실존하지 않았다는 설, 실제로는 장자 이후의 인물이었다는 설, 다양한 실존 인물이 뒤섞여 만들어진 전설적 인물이라는(따라서 『도덕경』은 다른 저자들의 도가 사상을 편찬한 책이라는) 설 등등. 이런 문제들을 둘러싼 논쟁은 때로 매우 격렬해지기도 한다.

박식한 학자들이 논쟁하는 대부분의 문제와 마찬가지로, 나는 이런 문제들 역시 무시해도 좋다고 생각한다. 『도덕경』이 혼돈과 변화의 시기에 쓰였다는 사실, 그 책에 지혜를 찾고 마침내 발견한 한 영혼이 담겨 있다는 사실, 그 책이 그것과 대화하는 이에게 요구하는 것은 기꺼이 귀 기울여 자신만의 길을 찾으려는 마음뿐이라는 사실만 알면 충분하다.

4

흐름이 끊이지 않는 그릇

도는 그것으로부터 흐름이 끊이지 않는 그릇이다.
깊이를 헤아릴 수 없구나! 만물의 기원이 그러하듯.
모서리를 둔하게 하고, 뒤엉킨 것을 풀며, 빛을 감추고, 티끌과 화합하며 그것은 사라져간다…… 아니, 과연 그러한가?
나는 그것이 누구의 자식인지 모른다. 아마도 창조주보다 나이가 더 많으리라.

수레바퀴 장인과 언어의 한계

4장에서의 도에 관한 묘사는 노자의 글에서 엿보이는 신비주의를 전형적으로 보여준다.

모서리를 둔하게 하고, 뒤엉킨 것을 풀며, 빛을 감추고, 티끌과 화합하며 — 이 표현들은 의도적으로 모호하고 불분명하며, 양가적이고 혼란스럽다. 이 부분을 영어로 옮길 방법은 천 가지도 넘겠지만, 어떤 번역으로도 그 의미가 더 분명해지진 않을 것이다.

노자가 이런 식으로 쓴 이유는, 언어가 궁극적으로는 잘못된 길로 안내하는 수단이 될 수밖에 없음을 강조하려 했기 때문이다. 우리는 어떤 것을 명명할 수 있을 때 그것이 실재한다고 생각하지만, "부를 수 있는 이름은 불변하는 이름이 아니다." 반대로 우리는 부를 수 없는 것은 존재하지 않는다고 여기지만, 가장 중요한 앎은 결코 언어로 환원되지 않는다.

언어의 한계에 대해 말하자니, 장자의 이야기 하나가 떠오른다. 중국의 작은 제후국들이 전쟁을 벌이던 시기의 가장 강력한 패자 중 한 명이자, 만 대의 수레를 가진 참된 군주였던 환공桓公과 그의 미천한 수레바퀴 장인에 관한 이야기다.

(아, 독자들에게 한 가지 덧붙이자면, 나는 장자의 우화를 대체로 글자 그대로 옮기지 않을 것이다. 당신과 노자의 대화를 더욱 흥미롭게 만들기 위해 필요에 따라 내 식대로 풀어서 이야기할 것이다.)

어느 날 환공이 궁궐 대청에서 책을 읽다가 이따금 고개를 끄덕이고 감탄하며 외치기를 반복했다.

대청 밖 마당에서는 편扁이라는 이름의 늙은 수레바퀴 장인이 수레바퀴를 깎고 있었다. 환공의 들뜬 외침에 호기심이 동한 노인은 망치와 끌을 내려놓고 계단을 올라 대청 안으로 들어갔다.

"공께서는 무엇을 읽고 계신지요?" 그가 물었다.

"현자들의 말씀이다." 환공이 대답했다.

"그 현자들은 지금도 살아 계십니까?"

"그렇지 않다. 다들 오래전에 돌아가셨느니라."

수레바퀴 장인은 실망했다. "그렇다면 공께서 읽고 계신 것은 옛사람들의 찌꺼기에 지나지 않는군요."

"네놈이 어찌 감히!" 환공이 호통을 쳤다. "나는 역사상 가장 위대한 인물들과 대화를 나누고 있는데, 너 같은 한낱 수레바퀴 장인이 훨씬 더 고귀한 인물들의 가치를 판단할 수 있다고 생각하느냐. 어서 설명해보거라!"

수레바퀴 장인은 화가 난 환공에게 고개를 조아렸으나 대답하는 데 전혀 두려움이 없었다. "저는 그저 미천한 신분과 일상적인 경험에서 얻은 지식으로 말씀드릴 뿐입니다. 공께서는 수레바퀴 깎는 법을 아시는지요?"

환공은 대청 바깥의 마당을 바라보았다. 그곳에는 수레바퀴 장인이 두고 온 도구와 반쯤 완성된 수레바퀴들이 놓여 있었다. 나무를 깎아 수레바퀴를 만드는 일은 언뜻 보기에는 전혀 어려워 보이지 않았다.

수레바퀴 장인이 말을 이었다. "느린 속도로 넓게 깎으면 깎인 부위는 부드럽겠지만 수레바퀴는 견고하지 못할 것입니다. 그렇다고 작은 움직임으로 재빨리 깎으면 끌질이 제대로 되지 않아서 수레바퀴가 너무 거칠어지고 말 것입니다. 제대로 된 수레바퀴를 만들려면 목재의 성질을 살피고 결의 흐름을 느껴야 하고, 서로 다른 수레의 쓰임과 구조의 차이를 알아야 하며, 수레바퀴 테가 여름과 겨울에, 진흙과 모래 위에서 어떻게 다르게 닳는지를 이해해야 합니다.

무엇보다도 도구를 정신의 연장처럼 다루는 법을 배워야만 하고, 너무 빠르지도 느리지도 않게, 너무 무겁지도 가볍지도 않게, 일정한 속도로 깎는 법을 배워야만 합니다."

환공은 수레바퀴 장인의 말을 곱씹으며 천천히 고개를 끄덕였다.

수레바퀴 장인은 말을 이었다. "하지만 이 모든 지식은 제 손으로 직접 배운 것입니다. 망치를 한 번 내리칠 때마다 평생 쌓은 기술이 담기고, 끌을 한 번 댈 때마다 평생 쌓은 수련이 담기지만, 그렇다고 해서 저의 지식을 말로 붙잡기란 불가능합니다. 제가 아무리 오랫동안 말해도 제 아들에게 저의 지식을 가르칠 수 없고, 아들은 아무리 열심히 귀 기울여도 저의 기술에 담긴 혼을 배울 수 없습니다. 그런 까닭에 저는 벌써 일흔이 된 지금도 이렇게 직접 수레바퀴를 만들고 있는 겁니다."

환공은 수레바퀴 장인에게서 손에 든 책으로, 다시 손에 든 책에서 수레바퀴 장인으로 시선을 옮겼다.

수레바퀴 장인이 고개를 끄덕였다. "옛사람들은 그들의 지혜와 함께 세상을 떠났고, 그 지혜 또한 한낱 말로는 붙잡을 수 없는 것입니다. 그 책장 위의 그림자는 그저 그림자일 뿐입니다."

이 우화에 장자는 다음과 같은 해설을 달았다.

온 세상 사람들이 책을 귀하게 여긴다. 책이 귀한 것은 거기 담긴 말 때문이고, 말이 귀한 것은 그것이 전할 수 있는 의미 때문이다. 하지만 말로 파악할 수 있는 의미란 그저 전할 수 없는 것이 남긴 흔적에 불과하다. 사람들은 말을 귀하게 여겨 책을 만들지만, 내 생각에 말은 그 자체로 귀한 것이 아니다.

눈에 보이는 것은 한낱 형체와 색깔뿐이고, 귀에 들리는 것은 한낱 이름과 음절뿐이다. 슬프구나! 너무나도 많은 이들이 형체, 색깔, 이름, 음절이면 실재를 충분히 파악할 수 있다고 여긴다.

말하는 자는 알지 못하고, 아는 자는 말하지 않는다. 실로 단순한 문제이지만, 그 의미를 헤아리기란 너무나도 어렵다.

5

짚으로 만든 개

하늘과 땅은 자애롭지 않다. 그 둘에게 우주의 만물은 짚으로 만든 개나 마찬가지다.

도를 깨달은 자는 자애롭지 않다. 그에게 만인은 짚으로 만든 개나 마찬가지다.

하늘과 땅 사이는 풀무와도 같아서, 텅 비었으나 다함이 없다. 더 많이 움직일수록 더 강력한 흐름이 생겨난다.

더 많은 지식은 더 좁은 길로 인도할 뿐이니, 계속 텅 빈 채 열려 있는 편이 낫다.

악몽

5장에는 『도덕경』에서 가장 인상적인 몇몇 이미지가 담겨 있다. 짚으로 만든 개는 무엇이며, 그것은 대체 우주와 무슨 상관이 있는가?

장자에게서 그 실마리를 찾아보도록 하자. 장자에 따르면 노자 이전 아주 먼 옛날, 신에게 산 제물을 바치는 관습이 사라진 후 짚으로 만든 개가 그 자리를 대신했다. 의식이 시작되기 전에 짚으로 만든 개는 최고의 예우를 받았다. 비단을 걸치고 대나무 바구니에 담겼다가 모든 사람 앞을 지나는 행렬에 모셔졌다. 하지만 의식이 끝난 후에는 쓰레기처럼 버려지고 말았다. 돌아가는 참배객의 발에 짓밟히고, 부엌 아궁이에 땔감으로 던져졌다.

장자는 이렇게 묻는다. 의식이 끝난 후 버려진 짚으로 만든 개를 가져다가 다시 화려하게 수놓은 비단으로 싸서 대나무 바구니에 담아 성스러운 사당에 모셔놓는다면, 짚으로 만든 개는 끝없는 악몽에 시달리지 않겠는가?

살아 있는 것은 날마다 자연의 변화에 인정사정없이 짓밟힌다. 포식자는 사냥감을 산 채로 먹어 치운다. 수천의 생명이 태어나도 다 자라는 것은 얼마 안 된다. 섭리의 너그러움에 필적하는 것은 그것의 잔혹함과 독단뿐이다. 모든 생은 공포와 아름다움이 함께 추는 춤이다.

하늘과 땅은 우리를 신경 쓰지 않는다. 우주는 궁극적으로 너무나도 거대하고, 그 규모가 너무나도 비인간적으로 크다.

그렇다면 우리는 사랑하고, 웃고, 울고, 낳고, 스러지면서도 어떻게 인간적인 규모에서 의미를 붙들고, 별들의 운행과 하나 되는 기분을 느낄 수 있을까? 모든 철학에서 던질 가치가 있는 유일한 질문은 바로 그것뿐이다.

하늘과 땅 사이는 풀무와도 같아서, 텅 비었으나 다함이 없다.
더 많이 움직일수록 더 강력한 흐름이 생겨난다.

6

골짜기의 신

골짜기의 죽지 않는 신, 이를 현묘한 암컷이라고 부른다.
탄생의 문, 이를 하늘과 땅의 뿌리라고 부른다.
영원히 흐르고 절대 끊이지 않는, 감지할 수 없는 존재.
그것을 사용하라. 그것은 바닥나는 법이 없다.

7.

사사로움이 없는 자아

하늘과 땅은 장구長久하다.

스스로 보존하고자 애쓰는 일 없이, 그 둘은 지속된다.

도를 깨달은 자는 자신을 마지막에 둠으로써 경쟁에서 벗어나고, 에고를 무시함으로써 자기 몸을 보존한다.

사사로움 없이 행함으로써 그는 자아를 실현하는 게 아니겠는가?

도를 깨달은 자

중국 고전을 번역할 때 성인이라는 용어는 보통 '현자sage'로 옮겨진다. 하지만 나는 『도덕경』에서 이를 **도를 깨달은 자**로 옮기기로 했다. 마찬가지로 유덕자有德者 또한 '도를 소유한 자those in possession of Dao' 대신 도를 깨달은 자로 옮기기로 했다.

내가 보기에 성인이라는 말은 평민보다 지위가 높은 사람이라는 함의를 지니는데, 도가의 사람이 높은 지위를 지녔다고 노자가 생각했을 것 같진 않다. 오히려 물의 본성에 더 가깝기에 더 낮은 자리에 처한다고 생각했으리라. 또한 누군가가 도를 '소유한다'는 말이 어떻게 가능한지도 모르겠다. 유덕자라는 용어는 실제로 올바른 길을 찾아 기쁜 마음으로 그 길을 따르는 이를 의미한다.

내 생각에 이 구절에서 노자가 말하고자 하는 바에 가장 가까운 표현은 도를 깨달은 자 같다. 도가를 따르는 삶이란 하늘과 땅 사이의 영원한 흐름이 드러내는 패턴들, 공포와 아름다움이 함께 추는 춤을 점점 더 깊이 알아차리는 일이다.

마음에서 욕망을 비우라, 그리하여 도의 경이로움을
받아들일 수 있게.
마음을 의지로 가득 채우라, 그리하여 도의 극한을
알아차릴 수 있게.

8

물

최상의 선은 물과 같다.
다툼 없이 만물을 이롭게 하고 뭇사람이 꺼리는 곳으로
흐름으로써 물은 도에 가장 가까워진다.
삶에 있어서 선이란 땅에 가까워지는 것이다.
마음에 있어서 선이란 메아리치는 골짜기가 되는 것이다.
사회에 있어서 선이란 친절해지는 것이다.
발언에 있어서 선이란 자기 말에 진실해지는 것이다.
다스림에 있어서 선이란 질서정연해지는 것이다.
일함에 있어서 선이란 유능해지는 것이다.
행위에 있어서 선이란 시의적절해지는 것이다.
다툼이 없으므로 허물이 없다.

물의 성질

나는 11세기의 저명한 학자이자 개혁가였던 왕안석王安石이 8장에 단 주석을 좋아한다. 노자에 대한 그의 해설은 내게 특히 많은 깨달음을 준다.

이 장의 주석에서 왕안석은 노자가 도의 현현을 설명하며 든 예시가 모두 물의 습성에서 가져온 것임을 밝힌다.

"삶에 있어서 선이란 땅에 가까워지는 것이다."

물은 가장 낮은 곳으로 흐른다.

"마음에 있어서 선이란 메아리치는 골짜기가 되는 것이다."

깊은 못의 물은 고요하다.

"사회에 있어서 선이란 친절해지는 것이다."

물은 모두에게 베풀고 모두를 기르되 보답을 바라지 않는다.

"발언에 있어서 선이란 자기 말에 진실해지는 것이다."

물이 흐르는 동안 물길은 천 번을 굽이치겠지만, 우리는 물이 언제나 바다로 흘러갈 거라고 믿을 수 있다.

"다스림에 있어서 선이란 질서정연해지는 것이다."

가장 부드러운 힘은 끊임없는 반복으로 가장 거센 장애를 이겨낸다.

"일함에 있어서 선이란 유능해지는 것이다."

물은 그릇이 네모지든 둥글든 그것의 형태를 따른다.

"행위에 있어서 선이란 시의적절해지는 것이다."
봄에는 물이 실어 나르고, 겨울에는 얼음이 떠받쳐준다.

9

몰락의 씨앗

이미 넘쳐흐르는 그릇에 더 부으면 결국 쏟아지고 만다.
이미 예리한 칼날을 갈면 칼끝이 상하고 휜다.
가득 쌓아 올린 보물은 오래 지킬 수 없다.
성공으로 인한 자만은 몰락의 씨앗이 된다.
일을 훌륭히 마친 후에는 물러나는 것이 곧 도다.

소를 가르는 포정

솜씨 좋은 백정 포정庖丁이 문혜군文慧君 앞에서 소를 가르고 있었다. 포정은 도살한 소의 몸통 주위를 춤을 추듯 빙빙 돌았다. 손은 이리저리 움직이고, 발은 춤을 추듯 끌고, 무릎은 부드럽게 구부리고, 어깨는 단단히 힘을 준 채 칼을 이리저리 놀렸다. 미끄러지듯 나아가며 뼈와 살을 가르는 칼날의 음악이 허공을 가득 메웠는데, 마치 명인이 칠현금을 뜯는 소리와도 같았다.

문혜군이 감탄하며 말했다. "그대는 어찌 이런 능숙한 기술을 지니게 되었는가?"

포정이 동작을 멈추고 문혜군을 향해 돌아섰다. "도제 시절에 처음 소를 가르기 시작했을 때는 소 한 마리가 그저 구분되지 않는 한 덩어리로만 보였습니다. 그 뒤 도제 시절이 끝나자 소 한 마리가 아니라 복잡한 기계의 부품들처럼 조화로이 움직이는 부분들이 보이기 시작하더군요. 이제는 수많은 세월 동안 쌓인 경험 덕에 더 이상 눈에 의지하지 않고 손끝으로 느끼며 소를 가릅니다. 몸통의 자연스러운 형태를 따라 칼끝을 움직이며 뼈와 살 사이의 틈과 이음매를 찾고, 힘을 들이지 않고서 그 둘을 가르죠. 뼈를 자르기는커녕 힘줄을 자를 일도 없습니다. 평범한 도살업자는 한 달에 한 번씩 칼을 바꾸는데, 종종 억지로 뼈를 자르기 때문이죠. 반면에 숙련된 도살업자는 살만 자르니 칼을 일 년에 한 번만 바꾸면 됩니다."

"그대는 어떠한가?" 문혜군이 물었다. "그대는 칼을 얼마나 자주 바꾸는가?"

"저는 이 칼을"—포정이 자신의 도구를 들어 올리며 말했다—"십구 년째 쓰고 있습니다. 이 칼로 소를 수천 마리나 갈랐지만, 칼날은 마지막으로 숫돌에 갈았던 그날과 마찬가지로 예리합니다. 힘줄과 뼈가 얽히고설킨 복잡한 부위에 이르면, 신중히 움직이며 정신을 집중합니다. 아주 작은 틈을 더듬어 찾아 칼끝을 쑤셔 넣고, 그럼으로써 틈을 넓힌 다음 그 사이로 칼날을 미끄러지듯 움직여서 이쪽과 저쪽을 분리합니다. 마침내 칼을 뽑으면 흙더미가 무너지듯이 살이 뼈에서 떨어져 나오죠.

그러고서 저는 허리를 곧게 펴고 주위를 둘러봅니다. 살면서 그때보다 기분 좋을 때는 없죠. 저는 곧장 칼을 닦고 치워버립니다."

"고맙네." 왕이 말했다. "이제야 나는 좋은 삶의 비밀을 깨달았다네."

장자의 우화가 대체로 그러하듯, 이 이야기 또한 여러 해석이 가능하다.

수레바퀴 장인 편의 기술과 마찬가지로, 포정의 소 가르는 기술은 오직 느낄 수 있을 뿐 말로는 가르칠 수 없는 것이다. 아무리 화려한 묘사로 수놓아도, 읽는 것만으로는 누구도 그의 솜씨를 재현할 수 없다. 말은 그저 흔적이며, 붙잡히지 않는 진실이 남긴 텅 빈 자취일 뿐이다.

이 이야기는 종종 도의 흐름 자체를 보여주는 예시로 해석되곤 한다. 포정의 칼처럼 도는 물의 성질을 띠고, 틈과 이음매를 찾으며, 세상의 자연스러운 형태를 따라 도가 있는 자리에서 도가 없는 자리로 흘러간다. 중요한 것은 대립이나 힘, 지배, 평범한 도살자의 기술이 그러하듯 문제를 잘라버리는 게 아니라, 인내와 통찰, 수용, 다툼 없이 이겨내는 것, 아무것도 하지 않음으로써 행하는 것이다.

하지만 내가 여기서 이 이야기를 꺼낸 이유는 당신이 마지막 구절에 주목하게 하기 위해서다.

그러고서 저는 허리를 곧게 펴고 주위를 둘러봅니다. 살면서 그때보다 기분 좋을 때는 없죠. 저는 곧장 칼을 닦아 치워버립니다.

포정은 일을 훌륭히 마친 후의 기쁨을 인정한다. 그는 주위를 둘러보며 자신의 성취를 자랑스러워하지만, 그것도 잠시일 뿐이다. 그는 곧장 칼을 닦고 치워버리는데, 이는 칼날을 보호하기 위함일 뿐만 아니라 자신이 끝마친 일의 흔적을 남기지 않기 위함이기도 하다.

내 생각에 장자가 이 이야기를 끝맺는 방식은 지나치게 적은 주목을 받아 온 것 같다. 그 부분이 왕(을 포함한 우리)에게 영감을 주는 대목임에도 불구하고 말이다. 자기 일에 자부심을 느끼며 그것을 축하하는 것에는 아무런 문제도 없다. 그것이 잠시일 뿐이라도 말이다. 하지만 그 기쁨을 지속시키는 유일한 방법은 즉시 물러나는 것이다. 그 순간에 더 머무르려 고집하지 않는 것이다.

보름달에게 남은 일은 이지러지는 것뿐이고, 산꼭대기에서 갈 곳은 내려가는 길뿐이다.

형언할 수 없는 덕

영혼과 육신을 합쳐서 부분 없는 하나가 될 수 있는가?
호흡을 모아 부드러움을 이루어서 다시 한번 아이로
돌아갈 수 있는가?
정신의 거울을 닦아서 순수한 빛을 비출 수 있는가?
백성을 사랑하고 나라를 다스려서 아무것도 하지
않음으로써 행함을 실천할 수 있는가?
자신을 감각에 내맡겨서 마음을 물처럼 잠잠하게 할 수
있는가?
의식을 꿰뚫어서 아무것도 모르게 될 때까지 새로운 길을
열 수 있는가?
낳고, 기르고, 소유 없이 창조하고, 기대 없이 베풀며,
지배 없이 양육하는 것. 이것이 바로 형언할 수 없는 덕의
특성이다.

11

있음의 쓰임

서른 개의 바큇살은 차축을 위해 하나의 구멍에서 만난다.
그 빈 공간 덕분에 수레바퀴는 수레에 유용한 것이 된다.
구운 진흙은 보이지 않는 가능성을 둘러싸고 굳어진다.
그 텅 빔 덕분에 그릇은 물건을 담을 수 있게 된다.
문과 창은 벽을 뚫어서 만들어진다.
그 구멍과 틈 덕분에 방은 방다워진다.
있음의 쓰임은 없음으로 인해 생겨난다.

12

눈이 아니라 배

너무 많은 색깔은 사람의 눈을 멀게 한다.
소음에 가까운 불협화음은 사람의 귀를 먹게 한다.
맛의 홍수는 사람의 혀를 무감각하게 한다.
급히 서두르고 쫓아다니면 정신이 불안해진다.
갈망하고 욕망하면 마음은 꼬부랑길에서 길을 잃는다.
도를 깨달은 자는 눈이 아니라 배를 만족시킨다.

13

총애와 모욕은 모두 두려운 일이다

총애와 모욕은 모두 두려운 일이고, 육체적 위해는 소중히 여겨야만 한다.

왜 총애와 모욕은 모두 두려운 일인가?

총애는 그대의 힘을 앗아간다. 총애를 받지 못했을 때 그대는 그것을 갈구한다. 총애를 받았을 때 그대는 그것을 잃을까 두려워한다.

왜 육체적 위해를 소중히 여겨야만 하는가?

재앙이 두려운 것은 오직 몸 때문이다. 만일 내게 몸이 없다면, 나는 아무것도 두려워하지 않을 것이다.

따라서 국가를 자기 몸처럼 소중히 하는 자만이 권력을 부여받아야 한다. 국가를 자신처럼 사랑하는 자만이 권위를 지닐 자격이 있다.

14

도의 본성

더는 볼 수 없을 때까지 보는 것, 이를 흐릿함이라 한다.
더는 들을 수 없을 때까지 듣는 것, 이를 희미함이라 한다.
더는 느낄 수 없을 때까지 만지는 것, 이를 미세함이라 한다.
그 뿌리를 추적할 수 없는 이 세 가지는 뒤섞여서 하나가 된다.
그 위는 밝지 않은데, 그 아래가 어두운 것도 아니다.
이름을 붙일 수 없는 것은 영원히 흘러넘쳐서 결국 무無로 돌아간다.
형상 없는 형상, 상상도 할 수 없는 이미지, 이를 확실한 불확실성이라 한다.
그것과 마주하려 해도 그 머리는 절대 보지 못한다.
그것을 따라가려 해도 그 꼬리는 절대 잡지 못한다.
태초의 도는 현재의 모든 현상을 다스린다.
도의 질감을 알아차리는 것은 곧 우주의 근원을 아는 일이다.

15

채우려 하지 말라

　옛날에 도를 깨달은 자는 신비롭고 통찰력이 있으며
알 수 없는 존재로 여겨졌다.
　알 수 없는 존재였기에 부족하나마 다음과 같이 묘사되었다.
　겨울에 강을 건너는 것처럼 조심스럽고,
　적에 둘러싸인 것처럼 경계하며,
　방문객처럼 엄숙하고,
　녹는 얼음처럼 여유 있으며,
　다듬지 않은 나무처럼 소박하고,
　텅 빈 골짜기처럼 마음이 열려 있으며,
　탁한 물처럼 꾸밈이 없다.
　흙탕물은 가만히 내버려 두면 점차 맑아진다.
　고요해 보이는 것은 단지 생명이 느린 동작으로 보이는
것일 뿐이다.
　도를 따르는 자는 채우려 하지 않는다.
　채워지지 않았기에 낡은 것은 도의 품 안에서 늘 새롭다.

녹는 얼음

앞선 장에 단 주석에서 왕안석은 말하길, 성인(관습적으로 '현자'로 번역되는 단어)은 처음에는 그저 도에 따라 행하기만 하다가 결국 도와 하나가 된다고 한다. 그런 경지에 이르면 성인은 우리가 보지 못하는 것을 보고, 우리가 이해하지 못하는 것을 이해한다. 그래서 우리는 성인을 그 깊이를 헤아릴 수 없는 산속 웅덩이처럼 신비롭게 여긴다.

그것은 아마도 산을 오를 때와 비슷할 것이다. 이미 정상에 오른 사람만이 산 너머를 볼 수 있다. 그가 소리치고 자축하고 경이로워하며 고함을 지르는 모습, 그것은 산 아래에 있는 우리 눈에는 모두 신비롭게만 보일 것이다.

도와 하나가 되는 느낌이 어떤지 말로는 설명할 수 없기에 우리는 비유에 의지하게 된다. 이 장에서 특히 인상적인 이미지는 '녹는 얼음'이다. 이 이미지에 대한 왕안석의 주석은 특히 사랑스럽다. "인간의 정신은 본래 아무런 장애가 없다. 하지만 그러다가 차츰 흐려지고 세속적인 근심에 얽히게 된다. 이와 달리 도를 깨달은 자는 깨어나서 모든 세속적 얽힘을 풀어내니, 이는 봄날에 얼음이 녹는 것과도 같다."

16

뿌리로 돌아감

마음을 최대한 비우고, 최대한 고요해지라.
우주의 만물이 솟아나 자라나고 시드는 모습이 반복되는 것을 나는 본다.
만물은 결국 뿌리로 돌아간다.
그 뿌리를 평화로움이라 한다.
평화로워지는 것은 곧 생기를 회복하는 것이다.
생기를 회복하는 것은 자연스러운 상태다.
자연스러운 상태를 아는 것은 곧 진정으로 이해하는 것이다.

자연스러운 상태를 모르면 그릇되어 재앙에 빠진다.
자연스러운 상태를 알면 잘 받아들이게 된다.
잘 받아들이게 되면 공평하게 되고,
공평함은 만물을 포용하는 정의로움으로 이어지니, 그것이 곧 하늘의 길이다.

하늘의 길은 도이니, 그것은 영원하고 죽음에도 흐트러지지 않는다.

삶의 해상도를 높이는 월북의 책들

"나는 이 책에서 '쓸모'의 의미를 논하고 싶지 않지만, 사람들이 이 말을 지나치게 교육이나 자기 계발에 관해서만 사용할 때 슬퍼지곤 한다."

『인생의 언어가 필요한 순간』 중에서

월북

www.willbookspub.com

흔들리는 세상을 바로 보는 창

눈에 보이지 않는 지도책

세상을 읽는 데이터 지리학

제임스 체셔, 올리버 우버티 지음 | 송예슬 옮김

질서 없음

격동의 세계를 이해하는 세 가지 프레임

헬렌 톰슨 지음 | 김승진 옮김

선명한 세계사 1, 2

역사를 기억하는 가장 완벽한 방법

댄 존스, 마리나 아마랄 지음 | 김지혜 옮김

펄럭이는 세계사

인간이 깃발 아래 모이는 이유

드미트로 두빌레트 지음 | 한지원 옮김

인텔리전스 랩

내 삶을 바꾸는 오늘의 지식 연구소

조니 톰슨 지음 | 최다인 옮김

나를 이해하고 자연을 읽는 방법

자연에 이름 붙이기

보이지 않던 세계가
보이기 시작할 때

캐럴 계숙 윤 지음 | 정지인 옮김

뇌가 힘들 땐 미술관에 가는 게 좋다

더 아름다운 삶을 위한 예술의 뇌과학

수전 매그새먼, 아이비 로스 지음 | 허형은 옮김

인생은 호르몬

삶의 주도권을 되찾는 가장 과학적인 방법

데이비드 JP 필립스 지음 | 권예리 옮김

그림으로 과학하기
태어난 김에 □□ 공부 물리 | 화학 | 생물 | 수학 | 의학

슥슥 그린 편안하고 직관적인 그림 설명
한번 보면 잊을 수 없는 과학·수학 개념

커트 베이커, 알리 세제로, 헬렌 필처 지음 | 고호관 옮김

삶의 품위를 전하는 이야기의 힘

길을 찾는 책 도덕경

무엇이 우리를 삶의 주인으로 살게 하는가

노자, 켄 리우 지음 | 황유원 옮김

슬픔에 이름 붙이기

마음의 혼란을 언어의 질서로 꿰매는 감정 사전

존 케닉 지음 | 황유원 옮김

나는 북경의 택배기사입니다

일이 내게 가르쳐준 삶의 품위에 대하여

후안옌 지음 | 문현선 옮김

정관스님 나의 음식

"즐겁게 드시라, 걱정도 미움도 본래는 없다"

정관, 후남 셀만 지음 | 양혜영 옮김 | 베로니크 회거 사진

여자에 관하여
해석에 반하여

새로운 번역으로 만나는 수전 손택

수전 손택 지음 | 김하현·홍한별 옮김

17

통치자에 관하여

최상의 통치자? 백성은 그가 존재하는지도 모른다.
그다음으로 훌륭한 통치자? 백성은 그를 사랑하고 칭송한다.
그 아래 등급? 백성은 그를 두려워한다.
최악의 경우? 백성은 그를 업신여긴다.
그에게는 신념이 없으니, 백성은 그를 믿지 않는다.

최상의 통치자는 태평하고 한가로운데, 명령을 내릴 일이 드물기 때문이다.
그가 일을 끝내고 나면 백성은 그저 이렇게 말한다.
"우리가 해냈다! 본래 그래야 하는 법이지."

이상적인 리더

혹시 그런 프로젝트에 참여해본 적이 있는가? 팀 전체가 사명감을 지니고, 소리치며 명령하는 사람이 없어도 모두가 무슨 일을 해야 할지 알며, 내가 모두에게 유용하며 모두가 나를 지지해준다고 느끼는 그런 프로젝트 말이다.

아마도 팀원 중 누군가가 그런 일을 가능하게 했을 것이다. 회의를 소집하거나 명령 계통을 고집하고, 장광설을 늘어놓거나 세세한 일정을 짜서가 아니라, 사람들의 길을 막지 않고, 내부의 뒤엉킴을 풀고 외부의 장벽을 녹이며, 구역을 표시하지 않은 채 공간을 만들어내고, 고맙다는 말을 바라지 않은 채 도움을 주며, 공을 주장하지 않은 채 협업을 북돋움으로써 말이다. 그 사람이 프로젝트에 구체적으로 어떻게 기여했는지 꼬집어 말하긴 어려울지도 모른다. 하지만 그가 없었다면 프로젝트는 와해되고 말았을 것이다.

그것이 바로 노자가 생각하는 리더십의 모습이다.

나는 어떻게 하면 우리가 '리더십'이라고 부르는 것을 아이들이 키우고 표현하도록 장려할 수 있을지 생각한다. 우리가 어떻게 소설과 논픽션, TV와 게임, 성인 열전과 테드 강연을 통해 '리더십'이 무엇인지 본보기를 보여주고 그것을 묘사하고 가르쳐줄 수 있을지 생각한다. 우리가 어떻게 사람들에게 '리더십'을 보여달라고 요구하는지, 우리가 면접이나 입학 지원서에서 그것의 사례를 어떻게 꾸며내는지, 그 사례를 증거로 들어 한 번도 함께 일해본 적 없는 완전히 낯선 지원자를 우리가 어떻게 평가하는지 생각한다.

그러다 보면 우리가 리더십을 다음과 같은 것으로 여긴다고 결론 내릴 수밖에 없게 된다. 즉, 성과를 자랑하는 것, 할 말이 없는데도 목소리를 높이는 것, 자기 이름을 가능한 한 가장 앞에 두려는 것, 공격성, 밀어붙임, 요구하기, 날조하기, 힘겨루기, 남에게 일 떠넘기기, 과시하기, 보기 좋게 포장하기, 공적과 분야와 일화와 자격증, 주기보다는 빼앗기로 말이다.

그러는 동안 진짜 리더들은 늘 그래왔듯이 만물을 기르는 물처럼 존재하며, 세상이 계속되고 지속되도록 익명성 속에서 자기 일을 계속해 나가고 있다.

장자는 다음과 같은 이야기를 들려준다.

양자거陽子居● 가 노자를 만나러 왔다.
"스승님, 제가 한 사람을 묘사해보겠습니다. 그는 몸도 마음도 강합니다. 재빨라서 즉시 답하지 못할 질문이 없을 정도입니다. 앎이 깊고 넓어서, 모든 것에 대해 조금씩 알고 있을 뿐만 아니라 전문 분야에서는 예리한 통찰력도 지녔습니다. 그런데도 더 많은 지혜를 추

● 도가의 인물인 양주陽朱를 가리킨다.

구하기를 멈추지 않고, 결코 스스로 만족하지 않습니다.

그런 사람을 이상적인 지도자라 할 수 있겠습니까?"

노자는 조용히 생각에 잠긴 듯하더니 말했다. "그런 사람은 유능한 서리胥吏, 즉 기계 같은 국가 조직의 유용한 부품과도 같다. 그의 기술은 동시에 그의 사슬이다. 그리하여 그는 분투하고 일하면서도 벌을 두려워하고 칭찬을 갈망할 수밖에 없는 운명이다."

"그건 칭찬처럼 들리지 않는데요." 양자거가 다소 놀라며 말했다.

"그렇다. 호랑이는 아름다운 털 때문에 사냥당하지. 곡예단 원숭이는 영리하고 재빨라서 사슬에 묶인다. 추적에 능한 사냥개는 남들이 잡으라는 것을 잡을 수 있어서 줄에 매인다. 이제 내 말이 무슨 뜻인지 알겠느냐?"

양자거는 아무 말이 없었다. 한참 있다가 그가 물었다. "스승님, 그렇다면 이상적인 지도자는 어떤 사람인지 말씀해주실 수 있을까요?"

"이상적인 지도자의 공적은 하늘 아래 모두에게 미치지만, 그럼에도 그는 결코 그것이 자신의 공이라 주장하지 않는다. 그는 모두를 기르고 모두에게 베풀지만, 백성은 그에게 의존하게 되지 않는다. 그의 노고는 보이지 않아서, 백성은 그를 칭송할 방법조차 떠올리지 못한다. 그 대신 백성은 자기 기술을 스스로 찬양하고 자기 성취를 스스로 기린다."

18

속임수

도가 버려지면, 자비와 정의로움이 그 자리를 대신한다.
영리함과 지혜가 나타나면, 속임수도 함께 나타난다.
집안에 불화가 생기면 가족의 사랑이 입에 오르기 시작하고,
나라가 무너지기 일보 직전에 이르면 애국자가 넘쳐난다.

자애로움에 관하여

『도덕경』의 몇몇 장은 관습적 도덕을 설파하는 사람들을 의도적으로 겨냥해 쓰인 듯 보인다. 이 책이 쓰인 시대에 가장 열렬한 목소리로 도덕을 가르친 이들은 유가였다.

앞서 말했다시피 공자와 노자의 만남을 다룬 이야기는 여럿 전해진다. 도가의 스승인 장자도 그런 이야기를 몇 편 전한다.

그 이야기들에서 유가의 창시자인 공자는 늘 겸손하게 노자를 찾아가 도에 관해 묻는다. 그러고서 두 사람은 대화를 나누는데, 그로써 유가와 도가의 차이가 분명히 드러나고, 두 위대한 스승의 성격이 생생히 대비된다. 그런데 장자의 이야기에는 분명한 의도가 있음을 기억해 둘 필요가 있겠다. 위대한 역사가 사마천은 장자를 다음과 같이 묘사한다.

그는 학식이 워낙 풍부해서 모르는 주제가 없어 보였지만, 그 철학의 핵심은 노자의 가르침에 근거했다. 그의 글은 총 만여 자가 넘으며, 그가 가장 즐겨 쓴 문학적 형식은 우화였다. '어부漁夫', '도둑 척盜跖', '상자를 열다胠篋' 같은 작품들은 유가를 조롱하고 노자의 철학을 퍼뜨리기 위해 쓰인 것이다. 그의 이야기에 등장하는 인물들은 실존 인물이 아니라 허구의 인물로 이해해야 한다. 작가로서 장자는 화려한 비유를 구사하는 데 특히 뛰어났고, 그로써 유가와 묵가를 조롱했다. 당대의 가장 뛰어난 대가들조차 그의 가시 돋친 말을 피하지 못했다. 그는 오직 자신을 즐겁게 하고자 글을 썼고, 어떤 이유로도 말투를 누그러뜨리지 않았다. 그 결과 권력자들은 결코 그를 존중하지 않았다.

장자의 이야기를 가장 잘 이해하는 방법은 그것을 플라톤의 대화편과 유사하게 대하는 것이다. 상황과 인용은 허구일지 몰라도 그 허구는 더 깊은 진실을 드러낸다.
그러면 장자가 상상한 공자와 노자의 한 만남을 살펴보자.

위대한 스승 공자는 끊임없이 전쟁을 벌이는 작은 제후국들 사이를 떠돌면서 자애로움의 철학을 설파하려 애쓰며 생애 대부분을 보냈다.
어느 날 그는 서쪽의 주나라 왕실에 책을 몇 권 가져가야겠다고 생각했다. 보관도 하고 가르침도 전할 목적이었다.
공자가 가장 아끼던 제자 중 하나인 자로子路가 말했다. "스승님, 제가 듣기로는 주나라 장서실의 관리자인 노자가 은퇴해 집으로 돌아갔다고 합니다. 한번 찾아가서 왕실에 어떤 책을 가져가야 할지 조언을 청해보시는 게 어떻겠습니까?"
공자는 훌륭한 생각이라고 말하고는 곧장 노자를 만나러 갔다.
노자의 집에 도착한 공자는 자기가 보기에 어떤 책을 들고 가면 좋을지 설명하기 시작했다. 하지만 노자는 아무 말이 없었고, 찬성도 반대도 하지 않았다. 불안해진 공자는 더욱더 애를 쓰며 책을 펼치고 특정 구절을 가리키며 자신의 주장을 뒷받침했다. 곧 노자의 집 방바닥은 글자로 빼곡한 죽간으로 뒤덮여 일어나 걷기도 어려울 지경이 되었다.

노자가 끼어들었다. "그대의 말에 숨이 막힐 지경이오. 그대가 그토록 귀하게 여기는 이 책들의 요점만 추려서 말해줄 수 있겠소?"

"이 책들의 요점은 자애로움에 있습니다." 공자가 말했다.

"아, 그렇다면…… 자애로움은 인간의 본성에 속하는 것이오?"

"물론입니다. 자애로움이 없다면 덕을 지닌 사람이 어찌 선한 이름을 얻을 수 있겠습니까? 자애로움이 없다면 사회가 어찌 안정될 수 있겠습니까? 자애로움은 분명 인간의 본성에 속하는 것이니, 그것 없이는 아무것도 이루어지지 않기 때문입니다."

노자가 그 말을 곱씹더니 이렇게 물었다. "그렇다면 자애로움이 무엇인지 내게 알려줄 수 있겠소?"

유가의 핵심을 교설할 기회를 얻어 기뻐하며 공자가 읊조렸다. "세상 만물과 조화를 이루는 공정한 마음을 지니고, 사사로운 편애 없이 모두를 사랑하는 것―이것이 바로 자애로움의 조건입니다."

"허." 노자가 고개를 저었다. "전부 그럴듯한 말치레일 뿐이구려. '모두를 사랑한다'는 말은 곧 아무도 사랑하지 않는다는 말이나 마찬가지요. 그리고 '사사로운 편애 없이'라는 것은 곧 가장 사사로운 편애나 다름없소. 그대는 모두가 그대의 우월함을 칭송해주길 바랄 뿐이오."

"하지만 그건······."

노자는 공자가 또다시 이론을 늘어놓을 틈을 주지 않았다. "그대의 목적, 즉 모두가 자신의 필요를 돌볼 수 있게 하는 건 좋은 일이오. 하지만 보시오. 하늘과 땅은 각자 자신의 영원한 행동 양식을 지니고 있고, 해와 달은 스스로 빛을 발하며, 별들은 저마다 제자리를 지키고, 짐승과 새는 각자 자신만의 무리를 지으며, 나무와 관목은 각자의 주기에 따라 살며 남의 도움 없이도 똑바로 서 있소.

공자여, 그대는 그저 인간의 본성이 스스로 드러나 우주에 내재하는 길을 따라가게 내버려 두어야만 하오. 그러면 그대가 바라는 일은 저절로 이루어질 것이오. 그대는 어찌 온 힘을 다해 '자애로움'이라는 깃발을 들고 있는 것이오? 그것은 도망자를 찾겠다고 종을 울리는 짓이나 마찬가지요. 더 크게 울릴수록 도망자는 더 멀리 달아날 것이오. 그대는 사람들이 올바른 일을 알기 더 어렵게 만들고 있을 뿐이오."

19

물들이지 않은 비단과
다듬지 않은 나무

경외하는 마음과 타산을 버리면, 만인의 이익은 백배가 될 것이다.

자비와 정의로움에 대해 떠들길 관두면, 만인은 친절함과 선의를 되찾을 것이다.

이익과 속셈을 없애면, 도둑과 강도가 없어질 것이다.

이 세 가지 규칙으로 법을 세운다 해도 아직은 부족하다.

다음 원칙을 따르라. 물들이지 않은 비단과 다듬지 않은 나무처럼 되어라. 욕망과 성찰에 물들지 말고, 배움과 근심으로 꾸미지 말라.

자비와 정의로움

사랑이나 **선의** 같은 추상적 용어는 번역하기 가장 어려운 단어에 속한다. 그 이유는 여럿이다. 우선 한가지 이유는, 추상적 용어는 서로 섞여서 융합되는 관련 개념들 사이에 임의의 경계선을 긋는데, 각 언어는 그런 경계선을 서로 다르게 긋기 때문이다. (이를테면 C. S. 루이스가 사랑을 네 가지 관련 개념으로 나누어 각각 그리스어로 명명한 저 유명한 분석을 떠올려보라.) 또 다른 이유는, 추상적 개념은 구체적 적용을 통해 비로소 그 의미를 얻기 때문이다. 그렇기에 패트릭 헨리가 "자유가 아니면 죽음을 달라!"고 말함으로써 그 의미가 변형된 **자유**liberty는, 도를 깨달은 자의 영혼이 누리는 완전한 자유의 가장 드높은 경지, 세속적 영역 위로 아주 높이 날아오르는 신화적 새의 비행과도 같은 경지를 표현하기 위해 장자가 만들어낸 중국어 '소요逍遙'와는 다른 의미론적 공간을 차지하게 되는 것이다.

그리하여 추상적 개념의 번역에서는 출발어와 도착어 사이에 늘 미끄러짐이 발생한다. 이를테면 중국어 시환喜欢을 영어 like(좋아하다)로 옮기면 많은 것이 상실되는데, 왜냐하면 시환은 그 밖에도 로맨틱한 사랑, 애정, 향유, 기쁨 등 여러 다른 관련 개념을 내포하기 때문이다. 하지만 그와 동시에 많은 것이 더해지기도 하는데, 왜냐하면 영어 like에는 중국어 시환에는 없는 수많은 뉘앙스가 담겨 있기 때문이다. 두 단어는 두 우주선을 매끄럽게 이어주는 도킹 포트처럼 작동하지 않는다. 그것들은 오히려 각자의 공동체에서 비슷한 역할을 담당하는 두 나무에 가깝다. 두 나무는 지친 여행자에게 마을 입구를 알려주고, 노래하는 새와 다람쥐를 비로부터 지켜주고, 달 아래서 만나는 연인들을 숨겨주고, 땡볕 아래서 일하는 사람에게 그늘을 제공해준다. 그러나 서로 다른 기후와 지리, 유전자와 역사로 빚어진 탓에, 두 나무는 각자 다른 가지를 뻗어 두 개의 서로 다른 선조線條 세공물이 되었다. 이 두 형상을 포개면 한쪽의 대략적인 형태가 다른 쪽의 대략적인 형태와 유사할 수는 있겠으나, 그 차이는 적어도 겹치는 부분만큼이나 크다. 한 단어가 다른 단어를 대체할 수 있는 지점과 그럴 수 없는 지점을 온전히 이해하려면, 사전과 문헌과 역사뿐만 아니라 두 단어의 일생 전체를 살펴보아야 한다.

(모든 번역에서는 두 언어 모두 얻고 잃는, 더해지고 덜어지는 미끄러짐을 감수해야 하지만, 그럼에도 나는 이번 『도덕경』 번역에서 도와 덕은 대체로 번역하지 않고 그대로 두었다. 이 두 단어는 깎아서 기존의 영어 단어의 형태에 끼워 넣는 기교를 부리기에는 그야말로 너무 중요하고, 너무 소박하기 때문이다. 물론 어떤 경우에는 **도**를 '길the way'로, **덕**을 '미덕virtue'(혹은 어원에 따라 '힘power')으로 옮길 수는 있겠으나, 그러면 전반적으로 미끄러짐이 너무 지나치게 되고, 영어 단어에 완전히 새로운 의미를 부여해야만 한다. 차라리 중국어 단어를 영어에 편입시키는 편이 낫다.)

중국어의 의미론적 숲에서 인仁과 의義라는 두 단어는 정확히 대응하는 영어 단어가 없는 추상적 나무에 속한다. 공자가(그리고 공자의 가르침을 발전시킨 맹자가) 강조한 이 두 단어는 함께 혹은 각기 유교의 가장 중요한 부분을 이룬다. '자애로움과 정의로움benevolence and justice' 혹은 '도덕과 윤리morality and ethics' 혹은 '너그러움과 올바름generosity and righteousness' 혹은 '연민 어린 사랑과 정당화된 의무compassionate love and justified duty' 등으로 다양하게 번역되어 왔지만, 이 모두는 전부 옳은 동시에 전부 잘못된 번역이다.

결국 나는 번역어로 '자비와 정의로움mercy and justice'을 택했는데, 이는 대체로 내가 법학도로 훈련받았으며 셰익스피어의 『베니스의 상인』에서 포셔가 한 연설, 즉 "정의로움을 따르는 것만으로는 누구도 구원받지 못할 겁니다. 우리는 자비를 얻고자 기도하는 겁니다"라는 말을 아주 좋아하기 때문이다. 노자와 공자도 나의 이런 선택에 찬성하리라 믿고 싶다. 하늘과 땅은 정의로움을 강요하지도 자비를 베풀지도 않는다. 하지만 우리는 둘 다 갈망하지 않을 수 없다.

노자의 말을 문자 그대로 옮기면(물론 앞서 설명했듯이 이는 불가능하지만) "자비를 끊고 정의로움을 버려라" 정도가 될 것이다. 유교의 근본 개념을 단번에 물리치는 꽤 놀라운 말이다.

하지만 곽점본에는 이런 훈계가 전혀 등장하지 않는다. 대신 사기 행위를 끊고 위선을 버리라고 되어 있다. 이를 근거로 어떤 이들은 현행본에 후대 필경사들이 의도적으로 수정한 내용이 담겨 있다고 주장한다. 그 필경사들은 (장자와 그의 제자들이 그러했듯) 유교에 대한 공격을 강조하려는 급진적 도가 사람이었을 수도 있고, 노자를 깎아내리려는 유학자였을 수도 있다.

짐승이 남긴 발자국보다는 짐승 자체에 집중하길 더 좋아하는 나로서는 어느 쪽이 맞든 별 상관은 없다고 본다. 『도덕경』의 다른 장에서 노자는 "도가 버려지면, 자비와 정의로움이 그 자리를 대신한다"고 말한다. 나는 "자비를 끊고 정의로움을 버려라"라는 말을, 이런 개념들에 대해 **떠드는 일**, 그것이 무슨 의미인지 아닌지에 대한 논쟁, 말장난으로 모든 것과 아무것도 아닌 것을 동시에 덮어버리려는 영리한 수작 등이 모두 무의미하고 비생산적이라는 뜻으로 받아들인다.

추상적 개념은 마네킹과도 같아서, 우리가 원하는 옷은 무엇이든 입힐 수 있다. 중요한 것은 단어가 아니라, 단어보다 더 작은 동시에 더 커다란 무언가다. 그것은 동료 인간에게 건네는 구체적인 친절의 몸짓이자, 하늘과 땅 사이에 존재하는 풀무의 끊임없는 움직임에 기꺼이 따르는 일이다. 그것은 구부러진 나무나 이가 빠진 그릇에서 즐거움을 얻는 일이자, 우리의 적을 위해 싸우던 군인들의 죽음을 애도하는 일이다. 그것은 개별 영혼의 가장 큰 자유를 추구할 때 드러나는 자비이자, 하늘과 땅이 우리를 사랑하지도 미워하지도 않음을 받아들이는 정의로움이다.

20

도의 젖

간청과 명령은 얼마나 다른가?
선과 악의 거리는 얼마나 짧은가?
모두가 두려워하는 것을 두려워하지 않기란 불가능하다.
그것은 시초 이후로 늘 그러했다.
군중이 흥분하며 모여든다, 연회에 참석한 것처럼,
봄나들이를 나온 것처럼.
나는 홀로 고요히 서 있다, 움직임 없이. 웃는 법을 알기도
전의 아기처럼 근심 없이, 반드시 가야 할 곳이 없기에
아무 움직임도 없이.
사람들은 필요한 것보다 더 많이 가졌고, 나는 충분한
것보다 더 적게 지녔다.
나는 근심 없는 바보의 마음을 지녔구나!
사람들은 빛나고 반짝이는데, 나 홀로 둔하고 흐릿하다.
사람들은 분석하고 살피는데, 나 홀로 단순하고 조용하다.
바다처럼 평범하면서도 보이지 않을 만큼 아득히 넓다.

사람들은 재능과 의도를 지녔는데, 나 홀로 서투르고 무용하다.

그들과 달리 나는 유일무이한 어머니인 도의 젖으로 양육된다.

상징어

노자는 20장을 상징어ideophone로 가득 채우는데, 이는 중국어에서는 흔하지만 영어에서는 그렇게 일반적이진 않다.

상징어는 그 음성적 성질을 통해 추상적 개념의 **느낌**을 불러일으키는 단어다. 영어에서는 knickknack(작은 장식품)이나 helter-skelter(대혼란) 같은 단어를 예로 들 수 있겠다. 이 단어들의 음성적 패턴은 그 **개념**에 깃든 사소함, 혼란, 어수선함을 암시한다.

(상징어는 소리를 모방하는 의성어와 관련이 있으면서도 다르다. 상징어는 대체로 소리를 모방하기보다는 소리를 통해 **감정**을 다시 만들어낸다. 그것은 우리에게 주어진 공감각의 한 형태이다.)

노자는 단지 기존의 상징어만 사용하는 데 그치지 않는다. 여기서 그는 주로 첩어疊語를 통해 새로운 상징어를 만들고 있는데, 이는 말을 배우는 아기가 단어 **너머**의 무언가를 강조하고 강화하고 암시하기 위해 음절이나 단어를 중복시키는 방식과 거의 비슷하다.

예를 하나 들어보면 이 사실이 좀 더 명확해질 것이다. 먼저 해당 구절의 원문과 발음을 옮겨 적고, 그다음 번역을 제시하겠다.

沌沌兮, 如嬰兒之未孩, 儽儽兮, 若無所歸.
돈돈혜, 여영아지미해, 래래혜, 약무소귀.

웃는 법을 알기도 전의 아기처럼 근심 없이, 반드시 가야 할 곳이 없기에 아무 움직임도 없이.

구절의 전반부에서 돈沌은 홀로 쓰이면 '혼돈' 혹은 '혼란'을 의미한다. 이것의 첩어 돈돈沌沌은 감각이 아직 느낌과 구분되지 않고 음절이 아직 소리에서 분리되지 않은 언어 이전의 인식 상태—갓난아이의 정신 상태—를 암시한다. 나는 이를 '근심 없이'로 옮기기로 했다.

구절의 후반부에서 래儽는 홀로 쓰이면 낙담하고 힘없고 어쩔 줄 모르는 사람을 묘사하는 형용사가 된다. 이것의 첩어 래래儽儽는 탈진과 상실과 실의와 무기력함을 쌓아 올려서, 돌아갈 곳이 아무 데도 없이 완전히 길을 잃은 사람을 묘사하는 말이 된다. 역설적으로 이는 도와 합일해서 어디로 가야 한다는 압박을 전혀 느끼지 못하는 사람의 상태를 뜻하기도 한다. 나는 이 의미에 함축된 반전을 번역에서 명백히 드러내기로 했다.

소소昭昭, 돈돈沌沌, 래래儽儽, 찰찰察察, 혼혼昏昏, 민민悶悶—이 상징어들은 독자의 정신을 최면적이고 명상적인 리듬 속으로 빠져들게 하는 강력한 문학적 기법으로 작용하는데, 왜냐하면 노자가 말하는 정신의 이상적인 상태가 "웃거나 옹알거리는 법을 알기도 전의 아기처럼" 되는 것이기 때문이다.

그 효과는 번역할 수가 없는데, 이런 언어적 장치는 현대 영어로 적용하기가 불가능하기에 그렇다. 그러나 어쩌면 우리는 마음속에서라도 속도를 늦추고 단어들을 되풀이해 말해볼 수 있을지 모르겠다. 그것들을 최면적으로 중복시키고, 가능한 한 갓난아이와 비슷해지려 애쓰면서 말이다.

형상들 이전의 형상

가장 큰 덕, 우리가 마땅히 살아야 할 삶은 오직 도의 흐름에서만 흘러나온다.

도는 고정되지도, 제한되지도, 확정되지도 않는다.

형상이 없음으로써 그것은 형상을 지닌다.

실체가 없음으로써 그것은 실체를 지닌다.

거시적이고 미시적이기에 그것은 본질을 지닌다.

그 본질은 진실하니, 신뢰할 만한 가치가 있다.

태곳적부터 그 이름은 계속되었으니, 곧 만물의 근원을 알려주는 이름이다.

어떻게 형상들 이전의 형상을 알 수 있을까? 도를 통해서.

22

휨으로써 전체가 들어맞는다

구부림으로써 전체가 들어맞고
휨으로써 막대기가 부러지지 않는다.
떨어지는 것은 채우고
시든 것은 썩지 않는다.
적게 가짐은 곧 다 가짐이고, 많이 가짐은 혼란으로 끝난다.
도를 깨달은 자는 하나의 길을 고수한다.
과시하지 않아도 모든 것이 분명히 보이고
주제넘지 않아도 옳음이 그름으로부터 스스로 드러나며
스스로 칭송하지 않아도 영예가 모이고
스스로 내세우지 않아도 그 유산이 지속된다.
남들과 다투지 않기에 남들도 그와 다투지 않는다.
"휨으로써 전체가 들어맞는다." 이는 공허한 조언이 아니라 본래의 진리다.

자연은 적게 말한다

자연은 적게 말한다.
거센 돌풍도 몇 시간 후면 가라앉고
퍼붓는 소나기도 하루가 다 가기 전에 그친다.
누가 바람과 비를 몰고 오는가? 하늘과 땅이다.
하늘과 땅은 그쳐야 할 때를 안다. 하물며 인간이야 말해 무엇 하겠는가?
도와 조화를 이루어 행하면 도와 하나가 되고
덕과 조화를 이루어 행하면 덕과 하나가 되며
어쩔 줄을 모르며 행하면 길을 잃게 된다.
그대가 도와 하나일 때 도는 그대를 기꺼이 받아들이고
그대가 덕과 하나일 때 덕은 그대를 기꺼이 받아들이며
그대가 어쩔 줄을 모를 때 길 잃은 자는 그대를 기꺼이 받아들인다.
믿음이 없는 자는 누구의 신뢰도 얻지 못한다.

24

발끝으로는

발끝으로는 오래 설 수 없고
성큼성큼 걸으면 멀리 가지 못한다.
과시하는 자는 잊히고
우쭐대는 자는 아무것도 배우지 못하며
스스로 칭송하는 자는 영예를 얻지 못하고
스스로 높이 평가하는 자는 오래가지 못한다.
도는 이런 행위들을 썩은 음식이나 보기 흉한 종양처럼 여긴다.
도를 깨달은 자는 혐오스러운 것들을 피해 다님이 최선이다.

25

도란 무엇인가?

태곳적의 혼돈으로 생겨난 무언가가 있으니, 하늘이나 땅보다 먼저 존재했다.

소리도 없고 형체도 없지만 스스로 완전하고 쉼 없이 순환하니, 아마도 우주의 시원일 것이다.

더 나은 이름이 없어, 나는 그것을 도라고 부른다.

더 나은 묘사가 없어, 나는 그것을 크다고 부른다.

크기에 지나가고 흐른다.

흐르기에 넓고 멀다.

멀기에 집으로 돌아온다.

도와 하늘과 땅은 모두 큰데, 그것은 사람도 마찬가지다.

우주에는 네 가지 큰 것이 있는데, 우리도 그중 하나다.

인간은 땅에서, 땅은 하늘에서, 하늘은 도에서 비롯된다.

도는 자연의 모범이다.

26

가벼움의 뿌리

무거움은 가벼움의 뿌리이고
휴식은 무모함의 군주다.
도를 깨달은 자는 온종일 이동한 후에도 짐마차를
버리지 않는다.
호화로운 물건과 이국적인 볼거리에 둘러싸여 있을 때도
한 마리의 편안한 제비처럼 초연하다.
만 대의 수레를 가진 군주가 어찌 세상의 운명을 그리
가볍게 대하겠는가?
경망스러움은 뿌리가 없고,
목적 없는 조급함은 군주가 없다.

차라리 진흙 속에서 꼬리를 끌고 다니겠소

나는 도를 깨달은 제비가 호화로운 물건과 이국적인 볼거리의 유혹에도 흔들리지 않은 채 진흙 둥지에 편히 앉아 있는 이미지를 사랑한다. 당신이 도를 붙들고 도가 당신을 닻처럼 고정해주면, 상실에 대한 두려움도, 호의에 대한 갈망도, 필멸하는 우주가 부리는 변덕에 대한 공포도 사라진다. 마음은 고요해지고 사지의 떨림은 멈춘다. 하늘과 땅 사이에서 영원히 계속되는 공포와 아름다움의 춤을 받아들일 수 있게 된다. 당신과 상관없이, 또한 당신 때문에 벌어지는 그 춤을.

그것이 바로 궁극의 자유인 소요, 즉 무언가로부터 **벗어나는** 자유이자 무언가를 향해 **나아가는** 자유이다. 도가에서 중점을 두는 자유에 대해 우리는 그동안 너무 적게 말해 왔는데, 서양에서는 자유라는 개념을 우리의 창조물처럼 여길 때가 너무 많았으니 말이다.

그렇다고 해서 우리 대부분이 그 진정한 자유의 상태에 대체로 이르거나 언젠가 이를 거라는 말은 아니다.

도를 깨달은 또 다른 존재가 떠오른다. 진흙 가까이 살고, 자기 짐수레의 무게로 뿌리를 내린 존재가. 장자는 다음과 같은 이야기를 전한다.

어느 날 장자가 복수濮水 기슭에 앉아 있을 때 초나라 왕이 보낸 대신 두 명이 그에게 다가왔다.

"선생님." 그들이 말했다. "우리 왕께서 선생의 재능과 덕에 관한 소문을 들으셨습니다. 왕께서는 선생을 모셔서 귀한 종복으로 삼고자 하십니다. 강한 나라의 정사를 선생께 맡겨서 선생의 정치적 이상과 야망을 실현할 수 있게 해주실 겁니다. 자, 어서 가시지요."

하지만 장자는 낚싯대를 붙든 채 두 대신을 힐끗 쳐다보지도 않았다.

"이게 무슨 짓입니까?" 두 대신은 놀라서 물었다. "지금 선생께 얼마나 놀라운 기회가 주어진 건지 모르시는 겁니까?"

"내가 들은 이야기가 하나 있소." 장자가 말했다. "옛날 초나라에 신령한 거북이 살았다더군. 삼천 년 전에 죽었지. 하지만 지금도 왕은 그 거북의 껍질을 비단으로 싸서 대나무 제기祭器에 넣고는 나라의 사당에서 가장 신성한 곳에 귀중히 보관하고 있다고 하오."

두 대신은 장자가 왜 이런 말을 하는지 잘 알지 못한 채 서로를 쳐다보았다.

"한번 말해보시오." 장자가 말했다. "그 거북이 죽어서 텅 빈 껍질만 남긴 채 숭상받기를 바랐을 것 같소, 아니면 살아서 진흙 속에서 꼬리를 끌고 다니기를 바랐을 것 같소?"

"살기를…… 바랐겠죠." 두 대신이 말했다.

"옳소. 그게 바로 내 대답이오. 가서 왕께 전하시오. 나는 차라리 진흙 속에서 꼬리를 끌고 다니겠다고 말이오."

27

훌륭한 매듭은 밧줄이 없다

능숙한 도보 여행가는 자취를 남기지 않는다.
달변가는 흠결을 남기지 않는다.
계산을 잘하는 사람은 산가지를 사용하지 않는다.
훌륭한 문은 빗장이 없어도 열리지 않는다.
훌륭한 매듭은 밧줄이 없어도 풀리지 않는다.
도를 깨달은 자는 아무도 남겨두지 않은 채 모두를 구하고, 어떤 것도 버리지 않은 채 모든 것을 보존한다.
이것이 바로 숨겨진 빛이다.
훌륭한 사람은 그리 훌륭하지 않은 사람의 스승이 된다.
그리 훌륭하지 않은 사람은 훌륭한 사람의 타산지석이 된다.
스승을 존경하지 않고 타산지석을 소중히 여기지 않으면 아무리 영리한 자라도 커다란 혼란에 빠지고 만다.
이것이 바로 본질적인 신비로움이다.

28

덕이란 무엇인가?

　수컷을 알되 암컷을 붙들면 세상의 물길이 된다.
　세상의 물길이 된다는 것은 영원한 덕을 지키는 것, 갓난아이의 상태로 돌아가는 것이다.
　밝음을 알되 어둠을 붙들면 세상의 본보기가 된다.
　세상의 본보기가 된다는 것은 영원한 덕과 어긋나지 않는 것, 무극無極으로 돌아가는 것이다.
　명예를 알되 치욕을 붙들면 세상의 골짜기가 된다.
　세상의 골짜기가 된다는 것은 영원한 덕으로 가득 차는 것, 원초적 소박함으로 돌아가는 것이다.
　소박함의 쓰임은 끝이 없다. 그것으로써 도를 깨달은 자는 위대한 지도자가 되며, 그의 거대한 의도는 자르지 않았기에 이음매가 없다.

29

움켜쥐면 놓칠 것이다

행함으로써 세상을 얻으려 하는 자는, 내가 보기에 반드시 실패할 것이다.

세상은 신성한 것이니, 행함으로써 손에 넣을 수 없고, 강제로 장악할 수도 없다.

행하면 실패할 것이고, 움켜쥐면 놓칠 것이다.

도를 깨달은 자는 행하지 않고, 따라서 실패하지도 놓치지도 않는다.

사람들 가운데 어떤 이는 서두르고, 어떤 이는 뒤따른다.

어떤 이는 한가로이 거닐며 차분하게 숨을 내쉬고, 어떤 이는 달리며 헐떡인다.

어떤 이는 강하고, 어떤 이는 약하다.

어떤 이는 확실한 것을 선호하고, 어떤 이는 위험을 즐긴다.

그것이 바로 도를 깨달은 자가 너무 과한 것, 너무 풍요로운 것, 너무 극단적인 것을 피하는 이유다.

승리

　도를 따라 통치자를 도울 때 군대로 세상을 지배하려 하지 말라.
　무력은 더 큰 무력을 부른다.
　군대가 지나는 곳마다 가시덤불이 돋아난다.
　군대가 정복하는 곳마다 기근이 뒤따른다.
　목적을 이루자마자 곧장 멈추어라. 승리가 더 많은 것을 하게 만들지 말라.
　승리했다고 으스대거나 뽐내거나 의기양양하지 말라.
　다른 선택지가 없어서 승리했을 뿐이지, 힘을 키우기 위해 승리한 것이 아니다.
　힘의 정상에 오르면 이제 갈 곳은 내려가는 길뿐이다.
　도를 따르지 않는 자는 누구든 이른 종말을 맞이하게 될 것이다.

31

무기는 불길한 것

무기는 불길한 것이어서 사람들이 멸시하니,
도를 깨달은 자는 그것을 너그러이 보아주지 않는다.
평화로울 때 우리는 왼쪽을 귀하게 여긴다.
전쟁할 때 우리는 오른쪽을 귀하게 여긴다.
현명한 자는 무기에 의지하지 않는다.
설령 최후의 수단으로 사용하더라도 무심히 대하는 게
최선이다.
승리를 기뻐하지 말라, 승리를 기뻐하는 것은 또한 살육을
기뻐하는 것이니.
살육에서 즐거움을 느끼는 자는 결코 세상을 얻지 못한다.
길사吉事를 이야기할 때 우리는 왼쪽을 선호하고,
흉사凶事를 이야기할 때 우리는 오른쪽을 선호한다.
부사령관은 왼쪽에 서고,
총사령관은 오른쪽에 선다.
이로써 우리는 전쟁을 오직 무거운 마음으로 참석해야 할

장례식처럼 대해야 함을 알 수 있다.

살해된 수많은 이들은 눈물로 애도해야 마땅하니, 승리는 장례식처럼 여겨야만 한다.

노자의 죽음

이 장에서 노자는 죽음과 죽음을 초래하는 일에 대해 말한다. 그것은 우리가 좀처럼 벗어날 수 없어 보이는 영원한 고통의 수레바퀴를 굴리는 일이다. 이 장을 읽다 보면 장자의 다음과 같은 이야기가 떠오른다. 노자 자신의 죽음에 관한 이야기다.

노자가 죽자 그의 친구 진일秦失●이 조문을 왔다.
진일은 시신 앞에서 조용히 몇 번 흐느끼더니 돌아서서 떠나버렸다.
노자의 제자들이 그를 뒤쫓아 달려갔다.
"저는 선생님이 우리 스승님의 친구인 줄 알았습니다!" 한 제자가 외쳤다.
"그렇다네."
"그런데 왜 그렇게 차갑게 구시는 겁니까?" 제자의 목소리는 간신히 억누른 분노로 부르르 떨렸다.
"자네들이 나를 오해했군. 처음에는 나도 친구를 잃었으니 슬퍼하며 우는 게 사람으로서 당연한 일이라고 생각했다네. 하지만 안으로

● 실失은 판본에 따라 일佚로 표기되기도 해서 보통 '일'로 읽는다.

들어가 보니 노인들은 아들을 잃은 것처럼 흐느껴 울고 있고, 젊은 이들은 어머니를 잃은 것처럼 시끄럽게 울고 있더군."

제자들은 고개를 끄덕였다. 그들 또한 그것이 스승을 애도하는 올바른 태도라도 여겼던 것이다.

"하지만 노자는 그들의 아들도 어머니도 아니었네." 진일이 말했다. "자네들은 그들 가운데 진심이 아닌 감정을 꾸며내고 흘리지 않아도 될 눈물을 짜내는 사람이 있을지도 모른다고 생각하지 않나?"

제자들은 서로를 쳐다보기만 할 뿐 아무 대답도 하지 못했다.

진일이 말을 이었다. "그저 울어야 하는 상황이라서 울고, 관례상 요구되기 때문에 그런 말을 하는 것—그것은 자연의 질서를 거스르고 거짓 감정의 폭압에 굴복하는 일이 아니겠는가. 노자는 때가 되이 세상에 왔고, 마찬가지로 도의 흐름을 따라 떠난 것이네. 그는 도에 자신을 확실히 내맡긴 사람이니, 우리의 웃음도 울음도 눈물도 그를 신경 쓰이게 하진 않겠지. 옛사람이라면 그가 하늘의 속박에서 풀려났다고 말했을 것이네."

촛불과 횃불은 꺼질지라도 불은 세대를 이어 늘 밝게 타오르리라.

나는 전쟁에서 죽은 이들을 우리가 어떻게 생각해야 하는지에 관해 노자가 한 말과, 우리가 사랑하는 이들이 세상을 떠났을 때 그들을 어떻게 기억해야 하는지에 관해 장자가 한 말 사이의 차이를 생각해본다.

살해된 수많은 이들은 눈물로 애도해야 마땅하니
승리는 장례식처럼 여겨야만 한다.

그는 도에 자신을 확실히 내맡긴 사람이니, 우리의 웃음도 울음도 눈물도 그를 신경 쓰이게 하진 않겠지.

노자와 장자 모두 감정의 진실함을, **겉모습**보다는 **느낌**의 우위를 강조한다. 하지만 똑같은 섭리의 두 측면인 아름다움과 공포의 영원한 춤이 그러하듯, 이렇게 대조되어 짝을 이루는 두 감정에는 커다란 신비가 숨어 있다. 하늘과 땅은 죽은 이들을 위해 눈물을 흘리지 않을지도 모르는데, 그 둘에게 우리는 모두 짚으로 만든 개나 다름없기 때문이다. 하지만 우리는 전쟁에서 죽은 이들, 즉 친구와 적, 비겁자와 영웅, 신뢰할 수 없는 자와 믿음직한 자를 모두 애도해야 한다. 또한 우리는 사랑하는 이들이 떠나가는 순간에 미소를 지으며 이렇게 말해야 한다. "그들은 도의 흐름 속에 합쳐진 것뿐이야. 진흙 둥지 속에 있는 제비처럼, 진흙 속에 꼬리를 끄는 거북처럼, 물들이지 않은 비단과 다듬지 않은 나무처럼, 더 이상 얻으려고 하지 않기에 영원해진 것이지."

32

도의 흐름

도는 늘 이름이 없고 다듬어지지 않은 채로 있다.
비록 작지만 우주의 그 무엇에도 굴복하지 않는다.
도를 아는 군주는 만백성이 기꺼이 따를 것이다.
도와 조화를 이룬 하늘과 땅은 꿀과 이슬을 낳고,
백성들은 명하지 않아도 복리를 함께 나눈다.
세상을 규제하고자 우리는 이름과 계급과 지위를
만들어낸다.
하지만 이름 짓기가 지나치면 그릇되어 위태로움에
이른다.
우주 속에서의 도의 흐름은 모든 시냇물이 바다로 모이는
것과도 같다.

33

자신을 이기는 것

다른 사람을 아는 것은 영리함이지만, 자신을 아는 것은 지혜다.

다른 사람을 이기는 데는 힘이 필요하지만, 자신을 이기는 데는 강인함이 필요하다.

만족하는 자는 부유하다.

변함없는 자는 야망을 넘어선다.

자리를 지키는 것이 오래가는 방법이다.

참된 장수란 죽어서도 소멸하지 않는 것이다.

34

작은 것과 큰 것

큰 도는 조수처럼 부풀어 오르며 이리저리 도달한다.

우주의 만물이 그것에 의해 부양되지만, 그것은 스스로 한 일에 대해 아무 말도 하지 않는다.

일을 마치고도 아무 권리도 주장하지 않는다.

만물을 입히고 기르면서도 주인이라 주장하지 않기에 우리는 그것을 작다고 말한다.

만물을 붙들면서도 지배하지 않기에 우리는 그것을 크다고 말한다.

결코 스스로를 위대하게 여기는 법이 없기에 그것은 위대하다.

붕이라는 새와 곤이라는 물고기

먼 북쪽 바다에 곤鯤이라는 거대한 물고기가 살고 있다. 몸집이 너무 커서 그 길이가 수천 마일에 이를 정도다. 곤은 때로 새로 변하는데, 그 새를 우리는 붕鵬이라고 부른다. 붕새의 날개 길이 또한 수천 마일에 이른다. 붕새가 한번 힘껏 날아오르면 그 양 날개는 하늘에 구름처럼 드리워진다. 하늘에 장막을 드리우는 이 새는 전혀 힘들이지 않고도 세상을 가로지르며 정반대에 있는 남쪽 바다를 향해 날아간다.

먼 나라로 떠난 이들의 기이한 여행담을 기록한 옛 책들에 따르면, 붕새는 여행을 하는 여섯 달 동안 단 한 번도 내려앉지 않는다고 한다. 다른 모든 생물을 공포에 떨게 하는 태풍도 붕새를 전혀 괴롭히지 못하는데, 붕새는 그것을 그저 자신을 구만 마일이나 솟아오르게 해 거의 별이 빛나는 창공까지 이르도록 도와주는 상승기류로만 여기기 때문이다.

이제 붕새가 머리 위로 미끄러지듯 날아가면, 그것이 드리운 그림자가 너무 무서워서 매미와 멧비둘기 들은 노래를 멈추고 얼른 몸을 숨긴다. 거대한 새가 지나가고 한참이 지나서야 그 작은 동물들은 뒤엉킨 풀숲과 나무 구멍에서 모습을 드러낸다.

"멍청한 새 같으니라고!" 그들은 조롱하고 빈정거린다. "우리가 날아서 가장 멀리 갈 수 있는 곳은 저 회화나무 꼭대기나 저 경사진

지붕 끝이야. 때로는 그럴 필요도 없는데, 땅바닥에 우리가 먹을 지렁이와 버려진 곡식이 잔뜩 있으니 말이지. 그런데 대체 왜 구만 마일이나 날아오르려 하는 거지? 저런 바보! 멍청이!"

오직 깊은 바다만이 큰 배를 실어 나를 수 있다. 하지만 바닥에 부은 물 한 잔만으로도 풀잎이나 왕겨 조각은 거뜬히 떠오른다.

아침나절이 곧 평생인 어떤 버섯은 저녁노을의 진홍빛이나 별들의 차가운 빛을 결코 알지 못한다. 여름철 매미는 평생토록 울지만, 가을이면 죽어버리기에 겨울과 맞설 일도 봄을 축하할 일도 없다. 먼 남쪽에는 명령冥靈이라는 나무가 있는데, 오백 년을 한 계절로 삼는다. 그리고 아주 먼 옛날의 대춘大春 나무는 팔천 년마다 나이테를 하나씩 더했다. 이에 비하면, 가장 오래 사는 사람의 생애라고 한들 무슨 내세울 것이 있겠는가?

세상은 큰 것과 작은 것을 함께 품고 있지만, 그 둘은 서로를 거의 이해하지 못한다.

경쟁이 치열한 관직을 차지하고, 뛰어난 일 처리로 백성의 칭송을 받으며, 제후들이 그 능력과 안목에 만족해하고, 한 나라가 그 판단력을 신뢰하는 그런 영리한 이들을 떠올려보라. 아마 그들은 스스로에 대해 크게 만족해할 것이다. 하지만 머리 위로 솟아오르는 붕새의 자유를 비웃는 멧비둘기와 매미와 그들이 다를 게 무엇이겠는가?

도를 깨달은 자는 자의식이 없고, 성취한 바가 없으며, 영예나 명성이나 이름도 없다.

이것은 내가 가장 좋아하는 장자의 이야기 중 하나다.

어떤 이들은 이 이야기를 인간의 계급에 관한 것으로 해석한다. 그들은 매미나 멧비둘기보다 붕새가 되는 게 더 낫다고 생각한다. 높이 솟아올라 하늘과 땅을 흔들고, 폭풍과 파도를 일으키며, 세상을 다스리고 지배하고, 거대한 형체로 세상을 미끄러지듯 날아가며 아래의 것들 위로 그림자를 드리우며, 두렵게 하고, 경악과 경외감을 안겨주는 게 더 낫다고 생각한다.

하지만 이는 완전히 잘못된 독해다. 소요하는 붕새가 커다란 것은 자유롭기 때문이고, 그가 자유로운 것은 야망을 넘어섰기 때문이다.

35

맛있는 음식과 즐거운 음악

도의 이미지는 모든 이의 마음을 사로잡는다.
그들은 경계를 푼 채 안심하고 그리로 온다.
맛있는 음식과 즐거운 음악은 지나가는 모든 이의
발걸음을 멈추게 하지만,
도의 묘사는 담백하여 맛이 없게 들리는데,
그 쓰임이 무한함에도 불구하고,
도는 보이지도 들리지도 않기 때문이다.

36

빼앗기려면 우선 주어져야 한다

모이려면 우선 흩어져야 한다.
약해지려면 우선 강해져야 한다.
무너지려면 우선 세워져야 한다.
빼앗기려면 우선 주어져야 한다.
이는 미묘한 동시에 분명한 이치다.
부드럽고 약한 것이 단단하고 강한 것을 이긴다.
물고기는 깊은 물을 떠나 살 수 없다.
국가는 그것이 지닌 날카로운 도구를 휘두르지 않는다.

마키아벨리적

국가는 그것이 지닌 날카로운 도구를 휘두르지 않는다.

많은 이들이 36장의 마지막 문장에서 마키아벨리적Machiavellian • 뉘앙스를 읽어내 왔다. 때로 이 문장은 심지어 "국가는 백성에게 무기를 휘두르지 않는다"로 번역되기도 한다.

노자는 통치자들에게 힘을 독차지하지 않은 척하라고 충고하는 것일까? 백성을 속여 순종하게 만들기 위해 본질적으로 억압적인 국가의 기능을 숨기라고?

어떤 이들은 이것이 후대의 어떤 필사자가 덧붙인 문장이라고 주장한다. 어쩌면 권력자들에게 도가를 유의미한 사상으로 보이게 하려는 시도였을지도 모른다고 말이다.

노자와 장자의 저서 일부가 분명 통치자를 대상으로 쓰였음에도, 도가는 본질적으로 정치 체제와 양립하기 어려운 것으로 판명되었다. 도가는 다른 사람에 대한 권력을 쥔 자들에게 그것을 포기하라고 주장한다. 물론 어떤 형태의 정치 체제에서든 권력을 쥔 이에게 기꺼이 그 권력을 포기하라고 설득하는 일은 아무 소용도 없는 일이겠지만.

• 보통 '권모술수에 능한', '책략적인' 등을 뜻한다.

역사적으로 권력을 쥔 자들은 도가를 패배자와 불평분자의 철학으로 격하시켜 무의미하게 만들거나, 노자의 말을 비틀어서 권력을 미묘하고 교활하게 행사하기 위한 '실용적인 조언'으로 변형시킴으로써 도가를 흡수하려 애써 왔다. (도가와 법가를 엮으려 한 사마천의 시도도 내게는 이런 노력의 결과물로 보인다.)

심지어 오늘날에도 서가에는 노자와 장자의 비밀을 풀어주겠다고 공언하는, 그리하여 친구를 얻거나 주변에 영향력을 끼치고, 크게 힘들이지 않고 돈을 벌고, 음모나 다툼의 기색 없이 사내 정치에서 승리하도록 도와주겠다는 경영서와 자기계발서가 넘쳐난다.

하지만 노자의 책은 그런 시도에 늘 저항해 왔다. 물과 같이, 그 책은 그것을 움켜쥐어서 권력에 복종하게 만들려는 자의 손가락 사이로 스르르 빠져나간다.

어쨌든 나는 노자의 텍스트에 훗날 덧붙여졌을지도 모르는 이 문장을 남겨두었는데, 그에 대한 왕안석의 해석을 좋아하기 때문이다. 왕안석은 도를 깨달은 자와 국가를 동일시하고는 이렇게 쓴다. "물고기가 연못을 떠나 살 수 없듯이, 도를 깨달은 자의 날카로운 도구는 작고 미묘한 데 숨겨져 있어서 다듬지 않은 자연과 구분되지 않는다."

『도덕경』의 다른 장에서 말하듯이, 도를 깨달은 자는

예리하되 베지 않는다.

그리고

빛나되 눈부시지 않다.

우리가 우리 주변에 켜켜이 쌓아 올린 허망함을 꿰뚫으려면 예리함이 필요하다. 그런데 그 예리함이란 해를 끼치기보다는 길러 주는 것이고, 공격적이기보다는 순종적인 것이다. 그것은 애초에 휘두를 수 없는 것이다.

37

늘 아무것도 하지 않음

도는 늘 아무것도 하지 않음으로써 모든 것을 한다.
권력자들이 도의 길에서 벗어나지 않으면, 만물은 스스로 자신을 돌볼 것이다.
만물이 스스로 자신을 돌볼 때 욕망이 일어난다.
그러면 나는 이름 없는 소박함으로 욕망을 감싸안을 것이다, 욕망이 잠잠해지고 모든 게 평온해질 때까지.

2.

덕의 책

THE BOOK OF DE

38

덕의 미덕

높은 덕과 함께하는 자는 자신의 미덕을 자랑하지 않으니, 참된 덕을 지녔기 때문이다.
낮은 덕과 함께하는 자는 미덕에서 벗어나지 않으니, 참된 덕을 지니지 않았기 때문이다.
전자는 행하지 않으며 행함을 대단하게 여기지도 않는다.
후자는 행하지 않지만 스스로 많은 것을 행했다고 여긴다.
자애로운 자는 행하지만 스스로를 대단하게 여기지 않는다.
올바른 자는 행하며 종종 자신이 한 행위에 대해 생각한다.
격식을 차리는 자는 **행하려** 하고, 아무도 반응하지 않으면 두 팔을 들어 올려 남들을 끌어들인다.
그런 까닭에 도의 길을 잃은 자는 덕의 미덕에 의지하고,
덕을 잃은 자는 자애로움에 의지하며,
자애로움을 잃은 자는 올바름에 의지하고,
올바름을 잃은 자는 예의범절에 의지한다.
규범은 신뢰가 희박해질 때 생겨나니, 이는 곧 혼란의

시작이다.

 예언자는 자신이 도를 안다고 착각할 뿐이니, 이는 사실 어리석음의 시작이다.

 커다란 영혼의 소유자는 희박한 것보다 굳건한 것을, 공상적인 것보다 실질적인 것을 선호한다.

39

옥과 돌

도와 하나가 되면 어떻게 되는가?
하늘은 맑아지고,
땅은 평온해지며,
신령은 생기가 돌고,
골짜기는 가득 차며,
권력을 지닌 제후들은 진짜 지도자가 되고,
만물은 활기를 띤다.
반대로 도에서 멀어지면
하늘은 맑음을 잃어 갈라지려 하고,
땅은 평온함을 잃어 흔들리려 하며,
신령은 생기를 잃어 사라지려 하고,
골짜기는 물이 빠져 메마르려 한다.
제후들은 덕을 잃고 몰락하려 하고,
만물은 실체를 잃고 소멸하려 한다.
그런 까닭에 고귀함은 미천한 것을 바탕으로 하고,

높은 것은 낮은 것 위에 세워진다.

군주들은 자신이 고독하고 부족하며 의지할 데가 없다고 말하는데, 이는 자신이 미천하고 낮은 곳에서 비롯되었음을 알기 때문이 아니겠는가?

그러니 환히 빛나는 옥처럼 칭송받으려 하지 말고, 투박한 돌처럼 오래가길 바랄 일이다.

40

없음

상반됨은 도의 움직임이다.
약함은 도의 쓰임이다.
우주의 만물은 있음에서 생겨난다.
하지만 있음은 없음에서 생겨난다.

41

비웃음을 사지 않는다면

어떤 이는 도에 대해 들으면 그것을 애써 실천하고,
어떤 이는 도에 대해 들으면 그것에 대해 반신반의하며,
어떤 이는 도에 대해 들으면 그것을 비웃는다.
비웃음을 사지 않는다면, 그것은 도가 되기에 부족하다.
그러므로 옛 현자들은 우리에게 말하길
도의 밝은 길은 어두운 듯 보이고,
나아가는 도는 물러서는 듯 보이며,
똑바른 도는 휘어진 듯 보인다.
가장 높은 덕은 낮은 골짜기처럼 보이고,
가장 드넓은 덕은 부족해 보이며,
똑바로 선 덕은 게을러 보인다.
순수하고 진실한 것은 탁해 보이고,
또한 가장 맑은 것은 멸시당하는 듯 보인다.
큰 네모는 모서리가 없고,
큰 그릇은 다듬어지지 않았다.

커다란 음악은 소리가 작고,
커다란 형상은 모양이 없다.
도는 숨어 있어서 이름이 없다.
도는 만물에 베풀고, 그로써 만물이 유지된다.

늦음인가, 다듬어지지 않음인가?

큰 네모는 모서리가 없고,
큰 그릇은 다듬어지지 않았다.
커다란 음악은 소리가 작고,
커다란 형상은 모양이 없다.

여기서 나는 『도덕경』의 현행본이 아닌 마왕퇴본을 따랐다.

현행본에서 둘째 구절은 "큰 그릇은 늦게 완성된다"로 풀이된다. 이 구절은 중국어에서 '큰일을 하게 될 자는 그 능력과 기회를 얻기까지 오랜 시간이 걸린다'를 뜻하는 관용구가 되었다.

하지만 내가 보기에는 맥락상 마왕퇴 필사본에 적힌 "큰 그릇은 다듬어지지 않았다"가 나머지 구절과 훨씬 더 잘 어울린다. 각 행은 음양의 물고기처럼 반대되는 것들의 쌍으로 이루어져 있다. 게다가 『도덕경』 전체에 퍼져 있는 다듬지 않은 나무의 이미지가 이 경우에도 완벽히 들어맞는다.

42

양을 껴안고 음을 품다

도는 하나를 낳고,
하나는 둘을 낳으며,
둘은 셋을 낳고,
셋은 만물을 낳는다.
　만물은 양을 껴안고 음을 품으며, 그 둘의 다툼 속에서 조화를 이룬다.
　사람들은 고독하거나 부족하거나 의지할 데 없는 것을 두려워하지만, 제후들은 오히려 스스로를 그런 존재라고 부른다.
　그러므로 만사에 있어서 때로 피해가 이익이 되기도 하고 때로 이익이 피해가 되기도 한다.
　남들이 말한 것을 나 또한 가르친다.
　칼로 사는 자는 토막 나서 죽는 법이니, 이것이 내 가르침의 바탕이다.

43

존재하지 않는 것, 이음매가 없는 것

우주에서 가장 부드러운 것이 가장 단단한 것을 자유로이 넘나든다.
존재하지 않는 것이 이음매가 없는 것을 관통한다.
이로써 나는 아무것도 하지 않음으로써 행하고, 말없이 가르치는 것이 지닌 힘을 안다.
이에 비길 만한 것은 이 세상에 아무것도 없다.

44

무엇이 더 소중한가?

명예와 생명 중에서 무엇이 더 귀한가?
몸과 재물 중에서 무엇이 더 소중한가?
얻음과 잃음 중에서 무엇이 더 큰 병인가?
더 많이 바랄수록 더 큰 대가를 치른다.
더 많이 쌓아둘수록 더 많이 잃게 된다.
가진 것에 만족하면 절대 망신을 당할 일이 없고,
멈출 때를 알면 화를 피할 수 있다.
이것이 오래갈 수 있는 유일한 길이다.

45

완벽한 흠

가장 완벽한 것은 흠이 있어 보이지만 절대 다함이 없다.
가장 충만한 것은 텅 비어 보이지만 절대 비워지지 않는다.
가장 곧은 길은 이리저리 구불구불해 보인다.
가장 뛰어난 기술은 다듬어지지 않은 것처럼 보인다.
가장 훌륭한 연설가의 말은 평범하게 들린다.
고요함은 들썩임을 이기고, 차분함은 맹렬함을 이긴다.
평온함이 우주를 다스린다.

46

만족

도의 흐름에 막힘이 없을 때, 군마는 밭을 간다.
도가 사라질 때, 암말은 전장에서 새끼를 낳는다.
불만족보다 더 큰 재앙은 없고, 가진 것 이상을 갈망하는 것보다 더 큰 허물은 없다.
만족할 줄 아는 만족은 영원히 이어진다.

47

멀리 갈수록

세상에서 무슨 일이 일어나는지 알기 위해 문밖으로 걸어나갈 필요는 없다.
하늘의 도리를 이해하기 위해 창밖을 내다볼 필요도 없다.
멀리 갈수록 아는 것은 줄어든다.
도를 깨달은 자는 오래 걷지 않고도 알고, 보지 않고도 깨달으며, 행함이 없이도 이룬다.

지혜를 얻는 일

도가의 중심에는 오직 어리석은 자만이 참된 지혜를 지닌다는 생각이 있다. 배우고 연구하고 분석하고 계산하고 평가하고 계획하려 애쓰는 일은…… 우리를 지혜에서 멀어지게 한다. 도를 깨달은 자는 남을 '깨우치려' 들지 않는다. 지혜는 내면에서 발현되는 것이니까. 이런 생각은 거의 오해를 불러일으키거나 잘못된 적용을 낳는다. 이 경우에도 말은 우리를 잘못된 길로 인도한다.

장자는 지혜를 '배우는' 일의 어려움에 관해 다음과 같이 이야기한다.

낙담한 공자가 노자를 찾아와 말했다.
"나는 오랫동안 옛 서책들을 공부해 그것들에 대해 훤히 알고 있습니다. 옛 태평성세의 법과 의례도 줄줄 욀 수 있을 정도입니다. 또한 옛 철인왕哲人王들의 지혜에서 벗어난 군주들이 어째서 필멸할 수밖에 없는지, 일흔두 명의 어리석은 패자들을 예로 들어 두루 논하는 글도 썼습니다. 그런데도 세상의 제후들 가운데 나의 이상을 따른 자는 단 한 명도 없습니다. 그 일이 왜 이리도 어려운 겁니까? 사람들을 이성으로 설득한다는 게 너무 힘든 일이어서 그런 것입니까? 아니면 올바른 길로서의 유일무이한 도가 모습을 드러내기를 그토록 꺼려서 그런 것입니까?"

"그대가 그대의 이상에 따라 세상을 다시 만들고 재편할 능력을 실제로 갖춘 누군가를 만나지 않아 정말 다행이오!" 노자가 말했다. "그대가 말하는 고전들…… 그것들은 옛 패자들이 걸어가며 남긴 발자국일 뿐, 그 발자국을 만들어 낸 생기 있는 정신은 아니오. 그대가 말하는 것들은 모두 한낱 떠도는 발이 남긴 흔적일 뿐이오. 그런데 죽은 흔적이 살아 있는 발은 아니지 않소?

주위를 둘러보시오. 새와 짐승은 저마다 다양한 본성의 부름에 귀 기울이며 자신만이 아는 양식에 따라 살아가고 있소. 본성은 바꿀 수 없고, 운명은 방해할 수 없으며, 시간은 멈출 수 없고, 도는 막을 수 없소. 도를 깨달으면 어디든 가지 못할 곳이 없다오. 하지만 도를 깨닫지 못하면 어디를 가도 자유로울 수가 없소."

공자는 물러가 홀로 석 달을 보냈다. 다시 노자를 찾아왔을 때, 그는 더 혼란스러워 보이면서도 덜 혼란스러워 보였다.

공자가 말했다. "까마귀와 까치는 둥지의 알에서 태어나고, 새끼 물고기는 거품 속에서 태어납니다. 벌과 말벌은 아무것도 없는 허공에서 나타나죠. 그리고 자궁에서 태어나는 우리로 말할 것 같으면, 매 순간을 온전히 살면서도 그것을 상실했다고 울부짖습니다. 나는 내 주변의 만물 속에서 일어나는 끊임없는 변화의 흐름에 주의를 기울인 지 너무 오래되었습니다. 하지만 그 끊임없는 변화와 하나가 되지 않고서 내가 어떻게 다른 누군가를 변화시키길 바랄 수 있겠습니까?"

"축하하오." 노자가 말했다. "이제야 깨닫기 시작하셨구려."

48

더 많음과 더 적음

매일 세상을 공부하면 더 **많은** 쪽으로 인도된다.
매일 도와 조화를 이루면 더 **적은** 쪽으로 이끌린다.
적어지고 더 적어지면 아무것도 하지 않게 된다.
아무것도 하지 않으면 되지 않는 일이 없게 된다.
세상을 오래 취하려면 행위에서 벗어난 마음이 필요하다.
행위를 갈망하는 마음으로는 결코 세상을 얻을 수 없다.

49

친절하지 않은 자에게 친절하다

도를 깨달은 자는 자기 마음을 지니지 않는 대신 백성의 마음을 자기 마음으로 대한다.

나는 친절한 자에게 친절하지만 친절하지 않은 자에게도 친절한데,

결국 친절함이란 포용이기 때문이다.

나는 믿을 만한 자를 믿지만 믿을 만하지 않은 자도 믿는데,

결국 믿음이란 포용이기 때문이다.

세상을 위해, 도를 깨달은 자는 숨결마다 그 마음을 뒤섞어 흐릿한 소박함으로 만든다.

백성은 보이고 들리는 것에 집중하지만, 도를 깨달은 자는 백성 모두를 갓난아이의 온전함으로 돌려보낸다.

50

죽음의 영역

태어나 죽음에 이르는 여정에서,
열 사람 가운데,
세 명은 오래 살고,
세 명은 일찍 죽으며,
더 오래 살 수도 있었을 다른 세 명은 스스로 죽음의 영역에 들어섰기에 일찍 죽고 만다.
왜 그런가?
삶을 너무 탐했기 때문이다.
지혜로운 이는 길을 가도 코뿔소나 호랑이를 만나지 않고,
징집되어도 무기를 걱정하지 않는다고 한다.
그에게는 코뿔소가 뿔로 찌를 데가 없고,
호랑이가 발톱을 휘두를 데가 없으며,
병사가 칼로 벨 데가 없다.
왜 그런가?
지혜로운 이는 죽음의 영역에 들어서지 않기 때문이다.

51

도의 영예, 덕의 가치

도는 낳고, 덕은 기른다.
만물은 자신의 형태를 갖추고, 형세가 만물을 키운다.
그런 까닭에 우주의 만물은 도를 예우하고 덕을 가치 있게 여긴다.
도는 어떻게 영예를 얻는가? 덕은 어떻게 가치를 얻는가?
자연의 질서를 재편성하지 않음으로써 그렇게 한다.
그리하여 도는 낳고, 덕은 기른다.
발생시키고, 키우고, 보호하고, 치유하고, 돌보고, 지킨다.
소유 없이 창조하고, 기대 없이 베풀며, 지배 없이 양육하는 것. 이것이 바로 형언할 수 없는 덕의 특성이다.

52

맑음과 강함

하늘과 땅의 기원은 만물의 어머니이기도 하다.

어머니를 알면 그 자식을 모두 알 수 있다.

자식을 모두 알고도 어머니의 길에서 벗어나지 않으면 그 어떤 재앙도 닥치지 않는다.

마음의 창을 막고 마음의 문을 닫으면 평생 수고하지 않아도 된다.

하지만 마음을 찢어 열어서 세속의 혼란에 잠기게 하면 결코 구원받지 못할 것이다.

미세한 것을 보는 것을 '맑음'이라고 한다.

유연함을 지키는 것을 '강함'이라고 한다.

그 빛으로 근원을 다시 밝히고,

스스로 위험에서 벗어나 영원을 이어받으라.

53

도는 넓고 곧다

만일 도에 대해 아는 것이 적다면, 나는 도의 큰길을 성큼성큼 걸으면서도 옆길로 샐까 두려워할 것이다.

비록 도는 넓고 곧지만, 사람들은 지름길을 좋아한다.

궁궐은 웅장하고, 들판은 버려졌으며, 창고는 텅 비었다.

군주들은 화려한 옷을 걸친 채 활보하고, 날카로운 칼을 차며, 좋은 음식을 너무 많이 먹어서 지겨워하고, 재물을 수없이 많이 쌓아둔다.

그들은 도에서 멀리 벗어난 도적이자 강도다.

54

덕의 확장

잘 세운 것은 뿌리째 뽑히지 않고,
잘 붙든 것은 벗어나지 않는다.
그리하여 자손 대대로 제사가 그치지 않는다.
이 원칙을 몸에 적용하면 덕이 진실해지고,
가족에 적용하면 덕이 풍부해지며,
마을에 적용하면 덕이 영예로워지고,
국가에 적용하면 덕이 번창하며,
세상에 적용하면 덕이 널리 퍼진다.
따라서 몸으로 몸을 보고,
가족으로 가족을 보며,
마을로 마을을 보고,
국가로 국가를 보며,
세상으로 세상을 본다.
그러면 나는 세상을 어떻게 아는가? 바로 그렇게 안다.

55

갓난아이의 덕

덕의 힘을 지닌 이는 갓난아이와 같다.
독충은 그를 쏘지 못하고,
맹수도 그를 덮치지 못하며,
급강하하는 맹금도 그를 할퀴지 못한다.
그의 뼈와 힘줄은 약하지만 손아귀는 강하다.
남녀의 결합은 모르지만 발기해 있으니,
정기로 가득 차 있기 때문이고,
하루 종일 울어도 목이 쉬지 않으니,
조화의 절정에 있기 때문이다.
조화를 아는 것은 곧 영원을 아는 것이다.
영원을 아는 것은 곧 맑음에 도달하는 것이다.
생명을 북돋우는 것은 불길한 불확실성으로 이어지니,
우리가 강하다고 부르는 것은 실은 고집일 뿐이다.
강함의 절정에서 갈 곳은 내려가는 길뿐이다.
도와 조화를 이루지 못하는 것은 무엇이든

때 이른 종말을 맞이하리라.

어그로

오늘날 노자가 살아 있었다면 트위터를 아주 잘했을 것이다(음, 아마도 소크라테스와 경쟁했을 것이다).

트위터는 오해에 최적화된 플랫폼이다. 거기서 하늘이 파랗다고 말하면, 누군가는 당신이 발밑에서 짓밟히는 초록빛 풀에는 주목하지 않는다며 분노할 것이다. (아직 이 교훈을 배우지 못한, 몇천 명의 팔로워를 거느린 선의의 누군가가 남긴 트윗에 달린 댓글을 한번 보라.)

트위터는 이런 끊임없는 분노, 즉 '참여'를 연료로 삼는다. 트위터를 잘하려면 오해받는 것을 신경 쓰지 말아야 한다. 트위터를 아주 잘하려면 신경 쓰지 않을 뿐만 아니라 흥미로운 말까지 해야 한다.

노자는 오해받기 쉽고도 흥미로운 말을 하길 좋아한다.
이를테면 갓난아이에 대해 그가 한 말을 보라.

하루 종일 울어도 목이 쉬지 않으니
조화의 절정에 있기 때문이다.

그가 무슨 말을 하려는지는 알겠으나, 내 아이들이 갓난아이였을 때를 떠올리면 이를 악물게 된다. (그리고, 그래, 불안하고 서툰

부모였던 당시의 우리에게 "아무것도 하지 않음으로써 행하라"는 말도 별 도움이 되진 않았으리라.) 아마도 노자는 사흘 동안 한숨도 못 자고 우는 아이를 돌본 다음에야 유아기의 조화에 대해 내게 강의해도 좋지 않을까.

배움에 대해서도 그는 이렇게 말한다.

> 세상에서 무슨 일이 일어나는지 알기 위해 문밖으로 걸어나갈 필요는 없다.
> 하늘의 도리를 이해하기 위해 창밖을 내다볼 필요도 없다.

인생의 정말 많은 시간을 배움에 바쳐온 입장에서 저 말에 반박하고 싶은 본능을 억누르기란 쉽지 않다. 의도적이고 적극적인 불가지론적 무지가 아주 많은 이들의 자부심이 되는 시대에, 노자의 말이 부당한 것을 정당화하는 식으로 읽힐 수 있다는 생각도 떨치기 힘들다.

그가 관습적 도덕에 대해 하는 말은 또 어떤가?

> 경외하는 마음과 타산을 버리면, 만인의 이익은 백배가 될 것이다.
> 자비와 정의로움에 대해 떠들길 관두면, 만인은 친절함과 선의를 되찾을 것이다.

여기서 노자의 말을 문자 그대로 받아들일 수 있을까? 이것은 인간 본성에 대한 그럴듯한 통찰력인가? 아마 어떤 이는 그를 비웃기까지 할 것이다. **비웃음을 사지 않는다면, 그것은 도가 되기에 부족하다.**

노자의 말을 신랄하게 읽으려 들면 『도덕경』에 실린 모든 단어에 대해 트집을 잡을 수 있다.

하지만 노자는 자신에 대한 그런 신랄한 독해에 신경 쓰지 않는다. 그를 오해하는 사람들이 뭍에 오른 물고기처럼 입에 거품을 물고 펄떡이는 동안, 그는 진흙 둥지에 앉아 있는 제비나 진흙 속을 기어다니는 거북처럼 만족해하며 거기 그냥 앉아 있을 것이다.

이미 말했다시피, 노자는 트위터에 최적화된 인물이다.

내 말은 이해하기 쉽고, 내 길은 따르기 쉽다.
하지만 세상은 이해하지 못하고, 따르지도 않는다.

노자는 누구에게나 도를 납득시킬 수 있다고 생각하지 않는다. 말은 도를 규정하는 데 있어서 아무런 쓸모도 없다. 말이 할 수 있는 일은 일상적으로 생각 없이 방황하며 사는 우리에게 충격을 줘서, 우리가 우주의 흐름 속에 있는 참된 패턴을 찾도록 자극하는 것뿐이다.

노자는 어디까지나 좋은 의미에서 어그로꾼이다. 찌르고 충격을 주거나 짜증나고 거슬리고 불편한 말을 하지만, 그저 감정을 조종하거나 장난과 '참여'를 유도하는 것을 넘어선 의도로 그러는 사람. 우리의 현재 이 순간과 우연한 이 공간을 위해 만들어진 관습적이고, 용인되고, 의심받지 않으며, 자명하고 일상적인 방식에서 불현듯 벗어날 때만, 우리는 더 깊은 패턴, 즉 도를 형성하고 도에 의해 형성되는 영속적인 패턴을 볼 수 있다.

조화를 아는 것은 곧 영원을 아는 것이다.
영원을 아는 것은 곧 맑음에 도달하는 것이다.

56

말하는 자는 알지 못한다

말하는 자는 알지 못한다.
아는 자는 말하지 않는다.
마음의 창을 막고, 마음의 문을 닫으며, 모서리를 둔하게 하고, 뒤얽힘을 풀며, 빛을 숨기고, 티끌과 화합하는 것……
이것이 바로 형언할 수 없는 합일로 가는 길이다.
친해짐에 흔들리지 않고,
멀어짐에도 흔들리지 않으며,
이로움에 흔들리지 않고,
해로움에도 흔들리지 않으며,
호의에 흔들리지 않고,
경멸에도 흔들리지 않으니—
그런 까닭에 모두가 도를 깨달은 자를 존경한다.

57

세상을 얻으려면

나라를 다스리는 가장 좋은 방법은 도의 곧은 길 위에 머무는 것이고,

군대를 지도하는 가장 좋은 방법은 의외의 지름길을 찾는 것인데,

세상을 얻으려면 아무것도 하지 않으면 된다.

나는 이를 어떻게 아는가?

금지 규정이 많아질수록 백성은 더 가난해지고,

백성이 무장할수록 나라는 더 혼란스러워지며,

간계와 기교가 많아질수록 더 기이한 일들이 일어나고,

법령이 많아질수록 더 많은 범법자가 생겨난다.

그런 까닭에 도를 깨달은 자는 이렇게 말한다.

"내가 아무것도 하지 않으니 백성은 스스로 조화되고,

내가 고요히 머무니 백성은 스스로 풍족해지며,

내가 아무것도 바라지 않으니 백성은 스스로 다듬어지지 않은 상태로 돌아간다."

58

행운과 불운

적은 말과 적은 행위로 다스리면, 백성은 솔직하고 행복해진다.

뽀족한 말과 날카로운 행위로 다스리면, 백성은 불만스럽고 불안해진다.

불운이여, 행운이 너에게 의존한다.

행운이여, 불운이 네 안에 숨어 있다.

누가 그 둘을 구분할 수 있겠는가? 확실히 알 길이 없다.

정상적인 것은 기이한 것이 되고, 선한 것은 사악한 것으로 변한다.

이런 변덕스러움은 태곳적부터 사람들을 얼떨떨하게 만들어왔다.

그런 까닭에 도를 깨달은 자는 똑바르되 억압하지 않고,

예리하되 베지 않으며,

자유롭되 방종하지 않고,

빛나되 눈부시지 않다.

59

모으기

　도에 따라 다스리는 데 있어서 가장 중요한 행위는 모으는 것이다.
　모은다는 것은 준비되는 것이다.
　준비된다는 것은 끊임없이 덕을 쌓는 것이다.
　덕을 쌓는다는 것은 천하무적이 된다는 것이다.
　천하무적이 된다는 것은 헤아릴 수 없는 힘을 지니는 것이다.
　그때야 비로소 나라를 떠맡을 수 있게 된다.
　나라의 근원을 붙들어야 나라를 지속시킬 수 있다.
　이것이 바로 깊이 뿌리내려서 오랫동안 견디고 멀리까지 보는 길이다.

60

죽음은 헌신을 요구하지 못한다

큰 나라를 다스리는 일은 작은 생선을 요리하는 일과 다르지 않다.

도가 하늘 아래 흐를 때, 죽음은 더 이상 신성한 헌신을 요구하지 못한다.

아니, 죽음이 더 이상 신성한 헌신을 요구하지 못할 뿐만 아니라, 그러한 헌신은 해를 끼치지도 못한다.

아니, 그러한 헌신이 해를 끼치지 못할 뿐만 아니라, 도를 깨달은 자 또한 해를 끼치지 못한다.

신령스러운 것과 지혜로운 자가 둘 다 해를 끼치지 못할 때, 그때 덕은 돌아온다.

물고기

죽음에 대해 장자처럼 쓸 수 있는 사람은 아무도 없다. 여기 내가 가장 좋아하는 장자의 구절 중 하나가 있다.

삶과 죽음의 순환은 낮과 밤의 연속처럼 운명에 의존한다. 우리는 그 자연스러운 흐름에 개입할 수 없다.

샘물이 마르면 거기서 사는 물고기는 바싹 마른 땅바닥에 남겨져 펄떡이며 숨을 헐떡인다. 조금 더 살기 위해 녀석들은 입 안에 남은 적은 양의 물을 뱉어내 거품을 만들어 서로의 아가미를 적셔준다. 녀석들이 죽음에 직면해 보여주는 상호 협력과 저항에는 대단한 위엄이 서려 있다. 하지만 만약 그럴 수만 있다면…… 녀석들은 서로를 잊고 알지도 못한 채 깊은 호수와 물결치는 강에서 자유로이 헤엄치는 편을 택하지 않겠는가?

그대와 나는 성군이나 잔인한 폭군을 잊고 알지도 못한 채 도의 흐름에 우리를 맡기는 편이 더 나을 것이다.

대지는 고정된 형태로 나를 지탱해주고, 삶이라는 시련으로 나를 부리며, 말년의 노쇠로 나를 편안하게 해주고, 죽음의 망각으로 나를 쉬게 해준다. 그러니 내가 나의 삶을 좋은 것으로 생각한다면, 나의 죽음도 좋은 것으로 생각해야 한다.

그대는 낚싯배를 외딴 골짜기에 숨기거나 산을 끝없는 바닷속에

감출 수 있다. 그대는 그 은닉처가 안전하다고 생각하겠지만, 한밤중에 그대가 깊이 잠들어 의식하지 못하는 동안 어떤 힘센 자가 와서 그것을 가져갈 수도 있다.

세상을 세상 속에 숨길 때만 그대는 진정한 안전을 확보할 수 있다.

우리는 인간의 형태로 남아 있을 때 기뻐하지만, 인간의 형태란 우주가 끊임없이 발달시키는 무수히 많은 형태 중 하나에 불과하다. 그 변화의 길, 그 변모의 길에서 생겨나는 기쁨이란 헤아릴 수 없는 것이다.

그러므로 도를 깨달은 자는 자신을 잊고 변화 속에서 불변성을 찾는다. 그는 '하나'의 형태가 아니라 '모든' 형태로서 '지금'이 아니라 '영원'을 노닌다.

죽음은 좋은 것이다. 노쇠도 좋은 것이다. 시작은 좋은 것이다. 끝도 좋은 것이다. 그대는, 우주의 만물이 그러하듯, 도의 흐름 속에서 헤엄치고 있다.

61

고요함으로 얻는 승리

큰 나라는 바다로 흘러드는 강, 세상의 중심으로서의 암컷, 하늘 아래 만물이 모이는 곳 같아야 한다.

암컷은 늘 고요함으로 수컷을 이기는데, 그것은 아래에 거하는 고요함이다.

따라서 작은 나라 아래로 가는 큰 나라는 작은 나라를 이길 것이고,

큰 나라 아래로 가는 작은 나라는 큰 나라를 이길 것이다.

복종함으로써 취하고, 낮은 자리에 머묾으로써 모은다.

큰 나라는 작은 나라를 인도하길 바라고,

작은 나라는 큰 나라에 호의를 구하길 바라는데,

두 나라 모두 굳건히 아래에 거할 때 그 바람을 이룰 수 있다.

62

선한 이들의 보물이지만,
그리 선하지 않은 이들 또한 지키는 것

도는 우주 만물에 깃든 깊은 신비다.

그것은 선한 이들의 보물이지만, 그리 선하지 않은 이들 또한 지키는 것이다.

아름다운 말로는 명예를 살 수 있고, 아름다운 행동으로는 존경을 불러올 수 있다.

선하지 않은 이들이라고 어찌 버릴 수 있겠는가?

천자가 즉위하고 대신들이 임명될 때,

네 필의 말이 끄는 마차 앞에 귀한 옥반지가 바쳐진다.

그러나 겸허히 도의 큰길을 바치는 편이 더 낫지 않겠는가?

우리는 왜 도를 그처럼 늘 귀하게 여겨 왔는가? 아, 바로 이 때문이다.

그대가 원하는 것이 있을 때, 도가 그것을 그대에게 줄 것이니.

그대가 실수를 저지를 때, 도가 그대를 구해줄 것이니.

63

어려운 일을 해결하려면
쉬운 일부터 시작해야 한다

하지 않음으로써 행하고,
중요시하지 않음으로써 중요시하며,
맛을 더하지 않음으로써 맛을 내라.
작은 것은 크게 여기고, 적은 것은 많게 여기며,
모욕에는 은혜로 응하라.
어려운 일을 해결하려면 쉬운 일부터 시작해야 하고,
큰일을 하려면 아주 작은 일부터 시작해야 한다.
모든 어려움은 단순한 과정을 통해 해결되어야 한다.
모든 위업은 아주 사소한 일을 통해 이루어져야 한다.
그리하여 도를 깨달은 자는 자신을 결코 대단히 여기지 않고, 그런 까닭에 커다란 성취를 이룬다.
가벼운 약속은 신뢰를 잃게 하고, 가벼운 말은 많은 화를 불러온다.
모든 일을 어렵게 여기기에, 도를 깨달은 자는 결코 어려움을 겪지 않는다.

64

그대가 서 있는 바로 그곳에서

움직이지 않는 것은 붙잡기 쉽고,
불길한 전조가 없는 일은 계획하기 쉽다.
연약한 것은 부서지기 쉽고,
작은 것은 흩어지기 쉽다.
일은 일어날 일이 있기 전에 해야 하고,
수리는 고칠 것이 있기 전에 해야 한다.
두 팔로도 감싸지 못할 나무도 한 알의 씨앗에서 시작하고,
하늘에 닿는 둔덕도 몇 줌의 흙에서 시작되며,
천 리 길도 그대가 서 있는 바로 그곳에서 시작된다.

행함은 실패로 이어지고, 움켜쥠은 상실로 이어진다.
그리하여 도를 깨달은 자는 행하지도 실패하지도 않고,
움켜쥐지도 상실하지도 않는다.
사람들은 종종 목표에 거의 다 이르러 휘청거린다.
끝을 처음과 똑같이 살피면 넘어질 일이 없다.

도를 깨달은 자는 남들이 바라지 않는 것을 바라면서, 남들이 귀하게 여기는 것은 무시한다.

남들이 배우지 않는 것을 배우고, 남들이 남긴 흠결을 메운다.

감히 자기 뜻을 내세우지 않으면서 자연의 섭리를 돕는다.

65

영리함이 없는 것은 축복

　옛날에 도를 깨달은 자는 백성을 깨우치려 하지 않고 어리석은 상태로 내버려 두었다.
　이는 백성의 온갖 골칫거리가 기교와 간계의 번성에서 비롯되기 때문이다.
　따라서 영리한 책략으로 나라를 다스리는 것은 재앙이지만,
　영리함이 없이 나라를 다스리는 것은 축복이다.
　이 두 가지를 아는 것은 곧 법의 틀을 아는 것이고,
　그 틀을 아는 것은 곧 형언할 수 없는 덕을 아는 것이다.
　신비로운 덕은 깊고도 멀리까지 퍼져 만물의 돌아감에 이르고,
　결국 도의 큰 흐름에 이른다.

66

그들 아래서

어찌하여 거대한 바다는 모든 개울의 왕인가?
모든 개울의 아래에 거하기 때문이다.
백성 위에 서려는 자는 그들 아래서 말해야 하고,
백성을 이끌려는 자는 그들 뒤를 따라가야 한다.
도를 깨달은 자는 높이 있어도 백성이 그 무게를 느끼지 않고,
맨 앞에 있어도 백성이 그 힘을 두려워하지 않는다.
도를 깨달은 자는 만인의 영원한 지지를 얻는다.
그가 다투지 않으므로, 그와 다툴 이가 아무도 없다.

우물 안 개구리

도가에서 바다는 강력한 상징이다. 그것은 가장 낮은 자리를 차지함으로써 세상의 모든 물을 끌어모은다. 자신의 작고 하찮은 영지에만 매달리는 이들로서는 바다의 자유와 장엄함을 이해하기 어렵다.

장자는 다음 이야기에서 바다의 의미에 대해 들려준다.

옛날에 얕고 버려진 우물 안에 사는 개구리 한 마리가 있었다.

어느 날, 하루 중 딱 한 시간만 우물 밑바닥까지 빛이 들어오는 시간에 일광욕을 즐기고 있던 개구리는 바깥에서 소란스러운 소리를 들었다.

"거기 누구야?" 개구리가 외쳤다. "너무 시끄럽잖아."

우물 위에서 커다란 가죽 같은 거북 한 마리가 고개를 살짝 들이밀었다. "미안! 그냥 지나가던 길이야. 나는 바다에서 왔거든."

"바다?" 개구리는 어리둥절해하며 혼잣말했다. "처음 들어보는 곳인데."

거북은 진흙투성이 우물 안을 내려다보며 가만히 미소 지을 뿐, 아무 말도 하지 않았다. 그러고는 몸을 돌려 떠나려 했다.

"잠깐!" 그 낯선 이가 우물 안을 힐끗 보고 감명을 받지 않은 것에 불쾌해하며 개구리가 말했다. "들어봐, 나는 왕이야. 네 눈에 보이는 모든 게 나의 영토지. 나는 마음만 먹으면 우물 내벽의 벽돌 사이를 뛰어다니며 운동을 하거나 틈새에서 잠을 잘 수도 있어. 물에 뛰어들면 물결이 내 턱 밑으로 부드럽게 찰랑거리지. 발을 진흙에 밀어 넣으면 진흙이 굴복하며 내 발가락을 순순히 감싸줘. 내 주변을 한 번 봐. 이 벌레, 새우, 게, 올챙이가 모두 내 신하들이고, 그중에서 나처럼 허공과 진흙과 물을 자유로이 오갈 수 있는 존재는 아무도 없어. 나만큼 행복한 자가 또 어디 있겠어? 그러니 너도 들어와서 내 삶을 조금이라도 맛보도록 해."

거북은 그 말에 따르려 애썼다. 하지만 우물이 너무 비좁아서 발 하나도 집어넣을 수가 없었다. 거북은 갇힐까 두려운 마음에 뒷걸음질했다.

"들어봐." 거북이 말했다. "바다에 대해 말해줄게. 바다는 너무 넓어서 천 일 동안 헤엄쳐도 기슭이 보이지 않아. 너무 깊어서 가장 높은 산이라도 흔적도 없이 잠겨버릴 정도지. 우禹임금 때는 십 년 동안 아홉 번 홍수가 났는데도 바닷물은 조금도 불지 않았어. 탕湯임금 때는 팔 년 동안 일곱 번 가뭄이 들었는데도 바닷물은 조금도 줄지 않았어. 한 찰나든 영겁이든 바다는 똑같이 받아들여. 비가 오든 가뭄이 들든, 바닷물은 늘지도 줄지도 않지. 이것이 바다의 즐거움이야. 이해하겠어?"

놀라서 입이 떡 벌어진 개구리는 거북이 떠나고도 한참 동안 진흙에 파묻힌 아래턱을 들어 올리지 못했다.

67

세 가지 보물

사람들은 늘 내게 말하기를, 도가 너무 커서 붙잡을 수 없다고 한다.

도가 그 무엇과도 비슷하지 않은 이유는 그것이 크기 때문이다. 만일 도가 어떤 구체적인 대상과 비슷하다면 그것은 너무 작을 것이다.

내게는 세 가지 보물이 있으니, 첫째는 사랑, 둘째는 검약, 셋째는 절대 나 자신을 높이지 않는 것이다.

사랑하기에 나는 용감하다.

검약하기에 나는 관대할 수 있다.

절대 나 자신을 높이지 않기에 나는 우주의 흐름을 담는 오래가는 그릇이 될 수 있다.

하지만 사랑을 버리고 용기를 구하거나, 검소함을 버리고 관대함을 구하거나, 겸허함을 버리고 나서려 한다면……

그 길은 죽음으로 통하리라!

사랑을 굳게 붙들면, 공격할 때는 승리하고 방어할 때는 난공불락이 된다.

구하려는 게 무엇이든, 하늘은 그것을 사랑으로 지킨다.

68

다투지 않음의 덕

훌륭한 장수는 호전적이지 않고,
훌륭한 전사는 분노에 사로잡히지 않으며,
많은 승리를 거둔 이는 맞서려 하지 않고,
지휘에 능한 자는 칭송을 바라지 않는다.
이것이 바로 우리가 다투지 않음의 덕과 지배하지 않음의 힘을 말하는 이유다.
그것들은 도의 오래된 모양이다.

69

전쟁에 대하여

병법가들은 이렇게 말한다.
"나는 선제공격하기보다는 응전하고, 한 치 전진하기보다는 한 치 후퇴하겠다."
이를 행군함 없이 이르고, 무장 없이 막으며, 적 없이 맞서고, 무기 없이 물리치는 것이라고 이른다.
전쟁에서 가장 큰 실수는 적을 얕보는 것이니, 그로 인해 나는 가장 소중한 보물을 잃을지도 모를 지경에 이르게 된다.
그러므로 두 세력의 힘이 엇비슷하다면, 전쟁을 즐기지 않는 쪽이 승리한다.

70

누더기를 걸치다

내 말은 이해하기 쉽고, 내 길은 따르기 쉽다.
하지만 세상은 이해하지 못하고, 따르지도 않는다.
말에는 근원이 있고, 행위에는 원칙이 있다.
그 둘을 알지 못하면 나를 알 수 없다.
나를 이해하는 이는 극히 적다.
나를 따르는 이? 더욱 드물다.
도를 깨달은 자는 누더기를 걸치고도 귀한 옥을 품고 있다.

쓸모없는 조롱박

사람들은 종종 도가 사상가들이 쓸모없다고 말하는데, 그들의 철학에 실용적인 면이 없기 때문이다. 도는 권력도 부유함도 성공도 이른바 좋은 삶의 장식물도 주지 않는다. 비방하는 자들이 보기에 도가가 바랄 수 있는 것이라고는 일종의 공허한 영적 승리, 쓸모없이 무력한 가짜 자유가 전부다.

도가에서는 그런 비난에 신경 쓰지 않는다. 대신 장자는 다음과 같은 이야기를 들려준다.

어느 날, 장자의 친구 혜자惠子가 찾아왔다.
"잘 지냈나, 친구?" 장자가 물었다.
"별로." 혜자가 말했다. "위나라 왕이 조롱박 씨앗을 주길래 심었지. 그런데 덩굴에 열매가 열리더니 엄청나게 커지더군! 얼마나 커졌냐고? 아니, 조롱박 하나에 물 다섯 통은 담을 수 있을 정도일세. 하나를 통째로 그릇으로 쓰자니 물의 무게 때문에 조롱박이 깨질 것 같더군. 그렇다고 반으로 잘라서 바가지를 만들자니 너무 커서 부엌 어디에도 둘 곳이 없을 것 같았어. 결국 아무 쓸모가 없길래 자리를 많이 차지하지 못하도록 산산조각 내버렸다네."
"아, 자네는 큰 것을 사용할 줄 몰라서 고생하고 있군. 그 말을 들으니 떠오르는 이야기가 있네. 춘추 시대 송나라에 비단을 빨아서 생계를 꾸리던 가족이 있었네. 자네도 알다시피 겨울마다 차가운 강물에 늘 손을 담그고 일하면 결국 손이 트기 마련이지. 그런데 그 집 안에는 대대로 내려오는 비법이 있어서, 아무리 매서운 겨울에도 손을 건강하고 매끈하게 유지할 수 있었다네.

어느 날, 어떤 사람이 그 가족에게 찾아와 그 비법을 100금에 사겠다고 했지. 가족은 한자리에 모여서 그 문제에 대해 상의했어.

'우리는 대대로 비단을 빨며 먹고살아 왔지. 하지만 해마다 벌어들이는 돈은 몇 금 되지 않아. 그런데 이제 아무 일도 하지 않고 한 번에 100금을 얻을 기회가 생긴 거야! 그에게 비법을 팔아버리자!'

그 사람은 비법을 가지고 오나라 왕을 찾아갔다네. 오나라 왕은 월나라 왕과 전쟁을 벌이려던 참이었지. 그 비법으로 만든 연고 덕분에 오나라 군사는 한겨울 강 위에서 손이 트는 걱정 없이 싸울 수 있었고, 결국 월나라 군대를 상대로 큰 승리를 거두었어. 그러자 오나라 왕은 비법을 알려준 그 사람에게 작위와 봉토를 하사했다네.

같은 비법을 가지고서 어떤 이는 비단만 빨고, 또 어떤 이는 전쟁의 승리를 안겨주었지. 하나의 물건에는 하나의 쓰임만 있는 게 아니라네. 자네는 그 거대한 조롱박들을 보관할 곳이 없다며 걱정만 하는구려. 왜 그것에 공기를 가득 채우고 서로 엮어서 뗏목의 부구浮具로 사용하지 않는 것인가?"

하지만 혜자는 흔들리지 않았다. "우리 집 마당에 큰 나무가 한 그루 있다네. 나무 기둥은 옹이가 지고 뒤틀렸으며, 가지는 온통 혹이 나서 결함으로 가득해. 좋은 재목으로 쓰기란 절대 불가능하지. 아닌 게 아니라 바로 길가에 서 있는데도 지나가는 목수들이 힐끗 쳐다보고는 두 번 다시 눈길을 주지 않는다네. 자네의 말은 꼭 그 나무 같아. 크긴 하지만 쓸모가 없어."

장자가 웃음을 터뜨렸다. "우리의 이 작은 논쟁이 나는 몹시 즐겁군. 좋네, 그럼 이번에는 들판에 사는 족제비를 한번 생각해보게. 녀석들은 풀 사이를 낮게 기어다니며 생쥐와 토끼를 덮치지. 여기 있는가 싶더니 다음 순간에 보면 저기 있고, 때로는 낮은 곳에 있다가 다시 보면 높은 곳에 있기도 하지. 하지만 그렇게 신나게 날뛰다가 결국 사냥꾼의 덫에 걸려서 죽고 말아.

이제 털이 많은 들소를 한번 생각해보게. 녀석은 너무 커서, 초원 위를 어슬렁거리는 모습을 누가 멀리서 보면 검은 구름으로 착각할 정도야. 녀석은 여러 큰일을 할 수 있다네. 하지만 쥐 한 마리도 못 잡지.

자네는 마당의 큰 나무를 도무지 어디에 쓰면 좋을지 모르겠다고 말하네. 왜 그것을 어느 황야에 옮겨 심지 않는 것인가? 그러면 이리저리 돌아다니다가 나무 그늘에서 쉬거나 낮잠을 잘 수도 있겠지. 자네 말대로 그 나무는 그 누구의 도끼질도 당하지 않을걸세. 인간에게 아무 쓸모가 없으니 그 어떤 해도 닥치지 않을 거야. 자네와 그 나무 중에서 어느 쪽이 더 자유롭다고 생각하나?"

71

결점

자신이 모른다는 사실을 알면 건강한 것이다.

모르면서 안다고 생각하면 병든 것이다.

도를 깨달은 자는 결점이 없는데, 자신의 결점을 결점으로 알기 때문이다.

알아차린 얼룩은 더 이상 흠이 되지 않는다.

무한함

백성이 힘을 두려워하지 않을 때, 그들은 힘을 넘어선 존재가 된다.
더는 정해진 공간에 얽매였다고 느끼지 않고
더는 죽음의 경계를 두려워하지 않는다.
한계를 밀어붙이지 않음으로써 무한해진다.
도를 깨달은 자는 알지만 드러내지 않고, 스스로를 사랑하되 자만하지 않는다.

73

하늘의 그물

과감하게 용감하면 죽음에 이른다.
조심스럽게 용감하면 목숨을 보전한다.
하지만 늘 그런 것은 아니다.
때로는 섭리가 이쪽을 편들기도 하고 저쪽을 편들기도 하는데, 그 이유는 아무도 모른다.
심지어 도를 깨달은 자라도 이를 알기 어렵다.
도는 다투지 않되 이기고, 말하지 않되 대답하며, 부르지 않되 끌어당긴다.
신중하고 점진적으로 만사를 도모한다.
하늘의 그물은 만물을 아울러서, 넓고 성기지만 아무것도 놓치지 않는다.

74

누가 죽음을 다룰 것인가?

　백성이 죽음을 두려워하지 않으면, 죽이겠다고 위협하며 괴롭힐 수 없다.
　백성에게 죽음의 두려움을 심어주기 위해, 나는 외부인과 국외자를 붙잡아 죽일 수도 있을 것이다.
　하지만 내가 어찌 감히 그러겠는가?
　죽음을 다루는 일은 오직 죽음의 주재자의 몫이어야만 한다.
　그 힘을 강탈하는 것은 능숙한 목수의 일을 빼앗는 것과 비슷해서, 그 멍청이가 손가락을 하나라도 잃지 않는 일은 드물다.

75

백성은 굶주린다

윗사람이 너무 많이 먹으면, 백성은 굶주린다.

윗사람이 위대한 공적을 탐하면, 백성은 다스리기 어려워진다.

윗사람이 사치스러운 생활에 너무 신경 쓰면, 백성은 삶을 가벼이 여기게 된다.

그렇기에 아무것도 하지 않는 삶에 헌신하는 편이 삶을 귀하게 여기는 것보다 훨씬 더 낫다.

76

뻣뻣함

　살아 있을 때는 몸이 유연하고 나긋나긋하지만, 죽으면 널빤지처럼 뻣뻣해진다.
　살아 있을 때는 풀과 나무가 부드럽고 유순하지만, 죽으면 말라비틀어진다.
　그리하여 단단하고 거센 것은 죽음의 영역에 속하고, 부드럽고 연한 것은 생명의 무리에 속한다.
　강한 군대는 파멸을 향해 행군하고, 뻣뻣한 가지는 폭풍에 꺾인다.
　부드럽고 고분고분한 것이 강하고 힘센 것을 이긴다.

활시위 당기기

도는 활시위를 당기는 것과 같다.
너무 높은가? 그럼 낮추라.
너무 낮은가? 그럼 높이라.
너무 지나친가? 팔의 긴장을 풀라.
힘이 부족한가? 더 세게 당기라.
하늘의 길은 남는 것을 덜어서 부족한 것을 채워준다.
하지만 세상의 길은 그와 다르니, 부족한 것을 덜어서 이미 넘치는 것에 보태준다.
우주 만물에 베풀 만큼 충분히 가진 것은 무엇인가?
오직 도뿐이다.
그리하여 도를 깨달은 자는 행하되 우쭐해하지 않고, 이루되 떠벌리지 않는다.

78

진실의 말은 종종 그 반대처럼 들린다

세상에 물보다 더 부드럽고 약한 것은 없지만,
거세고 강한 것을 이김에 있어서 물만 한 것도 없다.
약함이 강함을 이기고 부드러움이 단단함을 이긴다는
것은 모두가 아는 진리건만,
그것을 실천하는 이는 아무도 없다.
따라서 도를 깨달은 자는 이렇게 말한다.
"나라의 굴욕을 견디는 자만이 왕관을 쓸 자격이 있고,
만인의 고통을 감내하는 자만이 왕의 칭호를 얻을 수 있다."
진실의 말은 종종 그 반대처럼 들린다.

늘 친절함

큰 원한은 다 흘려보내도 늘 쓰디쓴 찌꺼기를 남긴다.
무엇이 최선의 길인가?
도를 깨달은 자는 자기 몫의 계약은 지키되, 남에게 그 몫을 지키라고 강요하진 않는다.
덕이 충만하면 신뢰를 구축하는 데 집중하게 된다.
덕이 없으면 받아야 할 것을 받는 데 집중하게 된다.
하늘의 길은 누구도 편애하지 않고, 늘 친절함과 함께한다.

딱히 후기는 아닌 후기

걱정하지 마시라. 노자는 아직 할 말이 더 남아 있다. 이 책을 서문으로 시작하지 않았으니, 끝맺음도 나의 말로 하지 않는 편이 이치에 맞을 것이다. 애초에 '덕경'이 늘 '도경' 뒤에 오는 것은 아니니, 후기가 늘 본문 뒤에 와야 할 까닭도 없지 않겠나?

아마도 알아차렸겠지만, 책이 진행될수록 내가 붙인 개인적 주석은 점점 더 줄어들었다. 이는 번역 과정 자체가 반영된 것이다.

사람들은 흔히 번역이라는 것이 이른바 '고대 중국어'라는 언어에 담긴 뜻을 또 다른 언어인 '현대 영어'로 옮기는 일이라고 오해한다. 그런데 실제로는 전혀 다른 일이 벌어진다.

흥미로운 책은 무수한 목소리를 하나의 규범으로 포괄하는 추상적이고 정체불명인 문어文語로 쓰이는 게 아니라, 작가 저마다의 혀와 붓에 고유한 매우 사적이고 독자적인 언어로 쓰인다. 허먼 멜빌은 이른바 '19세기 영어' 따위로 『모비 딕』을 쓴 게 아니다. 그는 그것을 자기만의 언어로, 즉 특유의 인용, 청각적 패턴, 문법 구조, 비유, 이미지, 바다의 짠내가 풍기는 은유, 뱃노래 같은 곡언법, 반항적인 탈선으로 썼다. 에밀리 디킨슨 또한 어떤 생기 없는 표준 문법으로 시를 쓴 게 아니라, 대시dash와 숨 고르는 순간과 대문자 하나하나마다 벌의 춤과 클로버의 향기를, 남이 흉내 낼 수 없는 자신만의 관점과 직접 겪은 경험을 불어넣으며 시를 썼다.

노자도 마찬가지다. 그는 '고전 중국어'로 쓴 게 아니라, 수천 년 동안 이루어진 편집과 교정과 오류를 거치고도 식별이 가능한 자신만의 언어로—고유의 리듬과 구조, 어조, 시각적 유희, 넘치는 상징어, 역설에 의지하는 방식으로—썼다.

가치 있는 번역은 원작에서 사용된 개인 언어의 본질적 고유성을 알아보고서 그것을 새로운 독자에게 전하기 위해 똑같이 고유한 새 언어를 만들어 내야만 한다. 『도덕경』은 고전 중국어에서 현대 영어로 옮겨지는 게 아니라, 노자의 언어에서 번역가가 발명해 낸 새 언어로, 노자의 발자국을 따라 옮겨지는 것이다.

그 발명은 불확실성과 의심 속에서, 질문과 반대와 이의 제기로 시작된다. "다툼이 없으므로 허물이 없다"는 말은 무슨 뜻이지? 우리가 절대 싸우지 말아야 한다는 뜻인가? 어떻게 맹수가 갓난아이를 덮치지 못한다고 주장할 수 있는 거지? 짚으로 만든 개는 대체 또 뭐지?

이런 물음에 답하는 나만의 방식이 바로 이 주석이다. 새 언어를 만들어 내려면 새 단어를 정의하고, 새 표현을 예문 속에 담고, 새 문체를 실험해야 한다. 작가는 새 언어에 익숙해져서 그것을 독자에게 가르쳐야 한다. (기술적으로 비유해보자면, 이 과정은 새 프로그램과 불가피하게 공진화하는 라이브러리를 위해 프로그래머가 함수를 작성하는 작업과 유사하다. 어떤 프로그램이든 그 개발 작업의 대부분은 프로그램의 표현에 알맞은 고유한 언어로서의 새 함수를 발명해 내는 일이다.)

그러나 시간이 흐르며 번역가가 한때는 불편하고 새롭던 생각들을 표현할 새 언어를 만들어 내는 동안, 의심은 이해로, 모방은 즉흥적 행위로, 회의적 마음의 미로처럼 혼란스럽고 계속 맴도는 목적 없는 방황은 도의 넓고 트인 길로 바뀐다.

모든 좋은 번역은 언젠가 『실낙원』이 존 밀턴의 정신을 통과해 갔듯이 번역가를 통과해 가야만 한다. 정당화하고 설명하고 규정하려는 시도로 시작된 일이 결국 자발적인 순종, **남 대신 말하는** 게 아니라 스스로 말하려는 조화로운 시도로 끝난다.

설명하고, 맥락을 제공하고, 이정표를 세워야 할 필요성은 번역 초반에 가장 크다. 이런 작업은 작가와 독자 **모두가** 언어를 익히고 자기 길을 찾도록 돕는다.

그러나 시간이 흐르면서, 내가 별도로 말해야 할 내용이 점점 줄어든다는 (그리고 독자에게 필요한 내용도 점점 줄어든다는) 사실을 알게 되었다. 노자의 언어, 혹은 그것을 전하기 위해 내가 발명한 언어가 당연하게도 주도권을 쥐었다.

책의 후반부에 나의 주석이 줄어든 또 다른 이유를 밝히지 않는 것은 태만이리라. 그것은 선택이었다.

『도덕경』을 깊이 읽으면서 얻은 뜻밖의 결과 중 하나는 언어에 대한 깊은 불신이다. 플라톤도 문자 언어를 불신했지만, 노자의 언어 불신은 그보다 훨씬 더 깊다. 노자는 영리한 논변이나 영혼을 흔들려 애쓰는 거대하고 추상적인 말들, 이를테면 자애로움, 애국심, 정의, 신의, 도덕 등을 높이 평가하지 않는다. 이런 추상어들에 계속 헌신하는 이들은 훨씬 더 하찮게 여긴다. 그는 아름답게 쓰지만, 아름답게 쓰는 것이 곧 진실을 쓰는 것이라고 여기는 이들에게는 오로지 경멸의 시선을 던질 뿐이다.

나는 장자가 말한 어리석은 군주의 이미지에 사로잡혀 있다. 떠나간 용이 남긴 죽은 발자국이자, 솟아오른 붕새가 드리운 그림자에 불과한 현자들의 말을 지혜로 여기는 자의 이미지 말이다.

노자를 더 읽으면 읽을수록, 나는 덜 쓰고 싶어졌다.

그럼에도, 말이 지혜와 같지 않다는 걸 알면서도, 나는 노자의 말을 사랑하지 않을 수 없다. 이 사랑은 내 본성의 일부이며, 하늘과 땅 사이의 풀무에서 흐르는 기운과 내가 연결되어 있음에 일부 기인한다.

위안을 얻고자 나는 자꾸 79장으로 돌아온다.

무엇이 최선의 길인가?
하늘의 길은 누구도 편애하지 않고, 늘 친절함과 함께한다.

하늘과 땅은 자애롭지 않다. 그렇기에 우리는 더욱더 서로에게 친절할 필요가 있다. 그것만이 유일한 길이다.

80

이상적인 나라

영토는 작고, 백성은 적다.
백성은 기계와 기구를 알아도 그것들을 사용하지 않는다.
먼 나라를 알아도 삶을 귀하게 여겨 멀리 떠돌지 않는다.
배와 수레가 있어도 그것들을 타지 않는다.
무기와 갑옷이 있어도 전쟁을 벌이지 않는다.
그들은 기억을 돕기 위해 필요한 게 결승結繩●뿐이던 시절로 돌아간다.
음식은 맛있고, 옷은 아름다우며, 집은 안전하고, 풍속은 즐겁다.
닭 우는 소리와 개 짖는 소리가 경계를 넘어 들리지만,
이웃 나라 백성들은 죽을 때까지 서로 왕래하지 않는다.

- 매듭으로 의사를 전달하는 문자 이전 시대의 소통 수단.

개입 없이

노자가 정부와 지도력에 대해 하는 말의 대부분은 못마땅해하는 어조를 띠고 있다(적어도 우리가 보통 정부와 지도자에게 기대하는 일들에 대해서는). 이런 태도는 권력자와 야심가 들이 도가를 받아들이는 데 도움이 되지 않았다. 정부의 역할 대부분은 불필요할 뿐만 아니라 오히려 역효과를 낳고, 전쟁과 정복은 무슨 수를 써서라도 피해야 하며, 세상을 바꾸겠다고 약속하는 이념과 거대 담론과 장대한 계획은 늘 의심하라니, 그들에게 이보다 더 불쾌한 철학이 어디 있겠나?

그렇다면 당연히 이런 질문을 던져볼 수 있다. 정부의 개입을 피해야 한다면, 우리는 어떻게 현실을 개선할 수 있단 말인가? 장자는 딱히 이에 대한 대답을 내놓지 않는다. 대신 다음과 같은 이야기를 들려준다.

한 친구가 노자에게 물었다. "권력자의 개입 없이, 사회가 어떻게 개선될 수 있겠나?"

노자가 대답했다. "사람의 마음을 슬며시 자극하거나 지도하려는 시도는 경계해야 하네. 좌절되면 침울해지고, 충족되면 교만해지는 게 우리 인간의 본성이지. 우리는 정념의 포로라네. 들뜨면 불처럼 활활 타오르고, 우울해지면 얼음처럼 꽁꽁 얼어붙으며, 고요할 때는 심연보다 깊다가, 움직일 때는 달리는 구름보다 가볍지. 사람의 마음보다 더 제멋대로인 것도 없다네.

역사를 한번 돌아보게나. 인간의 마음을 한 치라도 '개선'하는 데 성공한 지혜로운 왕이나 현명한 입법자가 단 한 명이라도 있었던가? 장려한 철학들이 흥망을 거듭하고, 이런저런 당파가 세력을 얻었다 잃지만, 그로 인해 실제로 남은 것은 무엇인가? 논쟁, 상호 비난, 이성을 가장한 합리화뿐. 영리함이 높이 평가받고, 사람들은 아주 사소한 일로도 겨루고 다투고 싸우지. 그러면 정부가 법규와 규칙, 형벌과 포상을 내세우며 개입해서 사람들의 마음을 한층 더 어지럽힌다네. 만 대의 수레를 가진 군주들조차 왕좌에 앉아 두려움에 떨지.

주위를 한번 둘러보게나. 처형된 시신이 빽빽이 들어차 있고, 감옥은 넘쳐나고 있네. 그런데도 유가와 묵가는 여전히 밖에서 논쟁하고, 서로를 비난하고, 남의 눈길을 끌려 하고, 권력을 다투며 족쇄와 호위병에 둘러싸여 있지. 이보다 더 뻔뻔한 일이 어디 있겠나? 현자들의 장려한 철학이 감옥 문의 빗장이 아니라고, 자애로움과 예의범절의 관념이 족쇄의 고리가 아니라고 우리가 어찌 단언할 수 있겠나?

만일 우리가 현자들을 숭배하길 멈추고, 영리하다고 여겨지는 모든 생각을 버릴 수만 있다면…… 어쩌면 그제야 세상은 평화를 맞이할지도 모르겠네."

81

다툼 없이 행하다

신뢰할 수 있는 말은 아름답지 않고,
아름다운 말은 신뢰할 수 없다.
선한 사람은 논쟁하지 않고,
노련한 논쟁은 사람을 선하게 만들지 않는다.
아는 자는 박식하지 않다.
박식한 자는 참으로 알지 못한다.
도를 깨달은 자는 쌓아두지 않는데, 남에게 더 많이 줄수록 자신이 더 많이 가지게 되기 때문이다.
하늘의 길은 해를 끼치는 일 없이 기르는 것이다.
도를 깨달은 자의 길은 다툼 없이 행하는 것이다.

부록

이야기와 출처 목록

노자의 생애, 『사기』의 '열전'에 수록된 '노자·한비 열전老子韓非列傳'

수레바퀴 장인과 언어의 한계, 『장자』「외편外篇」 '천도天道'편

악몽, 『장자』「외편」 '천운天運'편

소를 가르는 포정, 『장자』「내편內篇」 '천운'편

이상적인 리더, 『장자』「내편」 '응제왕應帝王'편

자애로움에 관하여, 『장자』「외편」 '천도'편

차라리 진흙 속에서 꼬리를 끌고 다니겠소, 『장자』「외편」 '추수秋水'편

노자의 죽음, 『장자』「내편」 '양생주養生主'편

붕이라는 새와 곤이라는 물고기, 『장자』「내편」 '소요유逍遙遊'편

지혜를 얻는 일, 『장자』「내편」 '천운'편

물고기, 『장자』「내편」 '대종사大宗師'편

우물 안 개구리, 『장자』「외편」 '추수'편

쓸모없는 조롱박, 『장자』「내편」 '소요유'편

개입 없이, 『장자』「외편」 '재유在宥'편

감사의 말

이 프로젝트를 진행하는 동안 조언을 해준 다음 분들께 감사드립니다.

첸 치우판, 케이트 엘리엇, 에밀리 진, 왕 칸유.

작품의 형태를 길러준 에이전트 러셀 게일런.

영리함 너머의 길을 찾도록 도와준 편집자 크리스토퍼 팔리와 캐서린 벨든.

멋진 표지를 만들어준 자야 미첼리와 아름다운 본문 디자인을 해준 카일 카벨.

제작 과정 전반에 걸쳐 도움을 준 스크리브너의 모든 분들.

그리고 무엇보다도, 사랑과 지지와 힘이 되어준 아내 리사, 그리고 이 모든 일이 왜 중요한지 내게 상기시켜준 나의 두 딸 에스더와 미란다.

옮긴이의 말

나만의 『도덕경』을 찾아서

그동안 사십여 년이라는 그리 길지도 짧지도 않은 세월을 살아오며 여러 때와 장소에서 여러 『도덕경』과 만나 왔다. 이제 와서 돌이켜 보면, 굳이 찾지 않아도 『도덕경』이 때때로 내 인생에 스스로 끼어들곤 했다는 사실 자체가 그것이 얼마나 유명한 책인지를 반증하는 듯하다.

첫 만남은 대만의 만화가 채지충이 그린 만화 판본이었던 것으로 기억한다. 중학생 때 채지충의 전집을 읽다가 우연히 만난 것인데, 대상을 크고 둥글둥글하게 그리는 채지충 특유의 그림체가 "부드럽고 약한 것이 단단하고 강한 것을 이긴다"는 『도덕경』의 세계와 썩 잘 어울려서 놀라워하며 읽었던 것 같다. 하지만 그림이 워낙 뛰어나서인지 오히려 텍스트는 크게 눈에 들어오지 않았다. 텍스트가 그림에 먹혀버린 것이다. 그렇다고 하더라도 그 그림은 어디까지나 텍스트의 묘사였고, 그중 몇 컷은 내 정신의 어딘가에 지금도 오래된 벽걸이처럼 걸려 있다.

그다음 만남은 좀 더 본격적인 것으로, 대학 전공수업에서였다.

종교학과였던 나는 졸업 전까지 김승혜, 최수빈 두 분에게서 도교 수업을 들었는데, 지금도 기억나는 것은 특히 『도덕경』의 번역본을 고르는 데 유독 애를 먹었다는 사실이다. 정해진 번역본이 없는 원전 강독 성격의 수업이었으므로 번역본을 고르는 것은 어디까지나 개인의 자유였다. 나는 도서관에서 십여 종의 번역본을 면밀히 비교 검토해 본 후 김형효의 『사유하는 도덕경』을 나만의 교과서로 정했다. '철학으로 다시 읽는 노자'라는 부제가 말해주듯 번역의 준거를 일일이 밝혀가며 자신만의 독창적 해석을 한다는 점이 믿음직스러웠다. 하지만 솔직히 번역 자체가 매력적이라고 말하긴 어려웠다. 붙들고 따지며 공부하기에는 좋은 책이었지만, 아무리 생각해도 독서용 책은 아니었달까.

그리고 어찌 보면 가장 흥미로웠던 다음 만남. 2005년 겨울에 난생처음 인도로 떠나 두 달여 간 배낭여행을 했을 때의 일이다. 콜카타에서 다른 지역으로 1박 2일 동안 달리는 기차에 오르기 전, 그렇게 긴 시간을 어떻게 보내면 좋을지 생각하다가 서점에 들러 『도덕경』 영역본 한 권을 샀다. 스티븐 미첼이 옮긴 아주 유명한 판본이었는데, 당시 그런 사실은 전혀 알지 못했다. 그냥 시집보다 얇고 가벼워서, 무엇보다도 세련된 디자인으로 매대에서 가장 눈에 띄었기에 별생각 없이 구입했을 뿐이었다. 지금도 가지고 있는 그 책의 뒤표지에는 '150루피'라는 가격표가 붙어 있다. 현재 환율로 이천삼백 원 정도인데, 20년 전에 산 것이니 그때는 아마 더 저렴했을 것이다.

1박 2일 동안 기차를 탄 것은 그때가 처음이었고, 그야말로 온갖 사람과 풍경과 만났다. 들이치는 비에 아랑곳하지 않은 채 환한 미소로 포도를 먹던 걸인, 이어폰에서 흘러나오는 볼리우드 음악에 심취해 주변 시선에는 전혀 신경 쓰지 않은 채 괴상한 소리로 노래를 부르며 객차를 이리저리 돌아다니던 사람, 그리고 일찍 떠오르는 해에 강제로 깨어나 맞이한 그야말로 아침다운 아침까지. 그러는 동안에도 계속『도덕경』을 읽었고, 결국 나는 완전히 감동하고 말았다. 눈앞과 머릿속에서 펼쳐지는 몇몇 장면에『도덕경』이 아주 적확한 코멘터리라도 달고 있는 것처럼 높은 싱크로율이었다. 당시 읽고 있던 다른 힌두교 경전보다『도덕경』이 나의 여정에 더 잘 섞여 들었다. 살면서 이천 원에 그런 만족감을 얻은 때가 또 있었을까. 나중에 알고 보니 스티븐 미첼의 판본은 원전이 아니라 수십 종의 다른 영어, 독일어, 프랑스어 번역본을 참고하여 새로 만든 책이었다. 한문을 전혀 모르는 사람의, 번역본이라고 하기에도 어폐가 있는 번역본이었던 것이다. 하지만 그 유려하고 시적인 문장과 다른 종교와 문학으로 뻗어 나가는 자유로운 주석에 진심으로 감동했다. 그리고 생각했다. 왜 수업 때 읽었던 원전이나 학자들의 번역본보다 그 영역본이 내게 훨씬 더 큰 감동을 주었는지. 정말 좋은 번역이란 어떤 것이어야 하는지.

그 후로 뜻밖의 장소에서『도덕경』을 한 번 더 만났으니, 바로 다니던 회사 앞에 있던 '아우라'라는 바의 테이블에서였다. 당시 나는 대학 졸업 후 세 번째로 얻은 직장에 다니고 있었고, 이상한 상사와 맞지 않는 업무에 더는 견디지 못하고 사직서를 쓰기 일보 직전이었다. 어느 날 퇴근하자마자 넥타이를 풀며 평소에는 늘 지나치기만 하던 그 술집으로 직행했는데, 아직 이른 시간이었기에 손님은 나 말고 아무도 없었다. 나는 빈속에 위스키를 계속 들이부으며 사장님과 한 시간 넘게 이야기를 나누었다. 그분은 딱히 지적인 스타일은 아니었는데, 그래도 내 푸념을 잘 들어주셨고 자기 인생 이야기도 재미나게 들려주셨다. 그러다 바 테이블 한구석에 놓인 한 권의 책에 시선이 갔는데, 바로 『도덕경』이었다. 저런 것도 읽으시냐고 했더니, '무슨 내용인지는 잘 모르겠지만 그냥 가끔 아무 데나 펼쳐서 보면 마음이 편안해진다'라는 대답이 돌아왔다. 나는 깜짝 놀랐는데, 그것이 바로 『도덕경』을 포함한 모든 경전의 핵심이라고 생각했기 때문이다. 나보다 적어도 열 살 이상 연상이었던 그분이 그렇게 말하며 웃는 모습을 보는 것만으로도 『도덕경』을 정독하는 듯한 기분이었다. 지금까지도 그날 그 일은 독서의 힘을 강력히 증언한 몇 안 되는 장면 중 하나로 남아 있다.

그러고서 십여 년이 흐른 후, 정말 오랜만에 『도덕경』과 다시 만났다. 이번에는 그냥 독자가 아닌 번역가로서, 그것도 소설가 켄 리우가 번역한 『도덕경』 영역본을 한국어로 옮기는 역할로 다시 만난 것이다. 그의 『도덕경』은 내가 지금껏 읽은 그 어떤 『도덕경』과도 달랐다.

우선 켄 리우 자신이 "중국인으로 자란다는 것은 공기 중에서 노자를 들이마시는 일과 같았다"고 말할 만큼 『도덕경』 원문과 친숙한 중국계 미국인이라는 점에서 신뢰가 갔고, 『도덕경』 판본 논쟁이 그리 결정적인 문제는 아니라는 점을 작가의 관점에서 설득력 있게 설명하는 부분에서도 텍스트에 대한 자신감과 장악력을 느꼈다.

시적으로 유려하기보다는 소박한 번역을 택했다는 사실 또한 흥미로운 점이다. 이는 켄 리우가 시인이 아닌 소설가여서라기보다는 『도덕경』에 대한 그의 이해와 번역 철학이 반영된 결과다. 그는 말한다. "노자의 원전이 그러하듯, 소박한 번역은 다듬지 않은 나뭇가지를 닮으려 한다"라고. 그리고 "다듬지 않은 나뭇가지는 옹이와 돌기, 갈래와 굽이, 예기치 않은 방향 전환으로 가득해서 우리의 정신이 새로운 패턴을 찾게 만든다"고. 소박한 번역은 과시적이지 않되 단순하지만도 않다. 『도덕경』은 매끄러운 포장도로가 아닐 때만 우리가 스스로 도의 길에 이르도록 도와줄 것이다.

켄 리우의 『도덕경』이 지닌 또 다른 특징은 통상적으로 학술적 주석이 와야 할 자리에 그 대안으로서 주로 장자의 이야기가 자리한다는 점이다. 이런 선택은 『도덕경』을 노자와 장자의 콜라보레이션 작업처럼 보이게 만든다. 노자가 짧게 시적으로 말하면, 장자가 길게 이야기를 풀어낸다. 여기서 켄 리우가 인용하는 장자는 있는 그대로의 장자가 아니라 그가 소설가로서 각색한, 어떤 의미에서는 원문보다 훨씬 더 생동감 넘치는 장자다. 그리고 이런 형식은 저자가 이 책에서 지향하는 '독자와 『도덕경』과의 대화'라는 목표에 더할 나위 없이 잘 어울린다. 그의 『도덕경』은 끊임없이 생생히 말을 걸고, 우리는 자연히 더듬더듬 한마디씩 읊조리게 된다. 점점 말이 줄어들어 언젠가 편안한 무위의 상태에 이를 때까지.

　모든 책이 그렇겠지만, 특히 『도덕경』을 읽는 데는 따로 정해진 답이 없다. 시험 답안지를 써내는 일이 아니라면, 우리의 자유로운 해석에 크게 딴지를 걸 사람도 없다. 중요한 것은 알 듯 모를 듯한 『도덕경』에서 무언가를 느끼고 실제로 변화하는 일일 것이다. "바다처럼 평범하면서도 보이지 않을 만큼 아득히 넓"어지는 일일 것이다. 켄 리우가 말하듯 "이해는 독자의 정신이 (…) 죽은 텍스트를 살아 있는 이야기로, 자기 고유의 이야기로 변형시키는 순간 발생"한다. 『도덕경』을 살아 있는 텍스트로 만드는 일은 노자나 번역자 혹은 연구자가 아닌, 순전히 독자 자신의 몫이다.

　『도덕경』은 책의 성격상 여백이 많다. 그 여백은 생각이 찾아와 뛰어놀길 기다리는 놀이터이자 운동장이다. 이제 기쁘게도 우리에게 또 한 권의 개성 있는 여백이 생겼다. 각자 저마다의 독특한 생각들로 그 여백을 마음껏 뛰어노시길.

황유원

지은이
켄 리우 Ken Liu

우리 시대 가장 주목받는 SF 소설가이자 미래학자.

곧 다가올 미래를 배경으로, 혼돈 속에서도 인간적 가치를 지키고자 부단히 애쓰는 우리 자신에 관한 이야기를 쓴다. 1976년 중국 서북부 간쑤성의 란저우시에서 태어나 열한 살 때 가족과 함께 미국으로 이민했다. 하버드대학교에서 영문학과 컴퓨터과학을 공부했고 이후 하버드 법학전문대학원을 졸업했다. 전업 소설가가 되기 전에는 마이크로소프트 등에서 엔지니어로 일했고 변호사로 일하기도 했다. 2002년 『포보스 SF 단편선』에 「카르타고의 장미」를 발표하며 소설가로 첫발을 내디뎠다. 2011년 발표한 첫 번째 단편집 『종이 동물원』은 열두 개 이상의 언어로 번역·출간되었고, 2012년 SF 문학계에서 최고의 권위를 지닌 휴고상과 네뷸러상, 세계환상문학상을 수상했다. 2013년에는 단편 「모노노아와레」로 휴고상을, 2016년에는 장편소설 '민들레 왕조 연대기' 3부작의 1부 『제왕의 위엄』으로 로커스상 장편 신인상을, 2017년에는 『종이 동물원』으로 로커스상 최우수 선집상을 수상했다. 2015년 휴고상을 수상한 류츠신의 소설 『삼체』를 영어로 번역하기도 했다. 현재 가족과 함께 미국 보스턴에서 살고 있다.

옮긴이

황유원

시인이자 번역가. 서강대학교 종교학과와 철학과를 졸업하고 동국대학교 대학원 인도철학과 박사 과정을 수료했다. 2013년 문학동네 신인상을 받으며 작품 활동을 시작했고, 이후 김수영문학상, 현대문학상, 김현문학패, 노작문학상 등을 받았다. 시집으로 『하얀 사슴 연못』, 『초자연적 3D 프린팅』, 『세상의 모든 최대화』 등이 있으며, 옮긴 책으로는 『슬픔에 이름 붙이기』, 『패터슨』, 『모비 딕』, 『폭풍의 언덕』, 『에로스, 달콤쌉쏠한』, 『두더지 잡기』 등이 있다.

길을 찾는 책
도덕경

펴낸날 초판 1쇄 2025년 12월 5일
　　　초판 4쇄 2026년 1월 9일
지은이 켄 리우
옮긴이 황유원
펴낸이 이주애, 홍영완
편집장 최혜리
편집2팀 홍은비, 최서영
편집 박효주, 강민우, 안형욱, 김혜원, 이소연, 송현근
윌북주니어 도건홍, 한수정, 이은일
디자인 기조숙, 김주연, 윤소정, 박정원, 박소현
홍보마케팅 김준영, 김태윤, 백지혜, 박영채
콘텐츠 양혜영, 이태은, 조유진
해외기획 정수림
경영지원 박소현
펴낸곳 (주)윌북 출판등록 제2006-000017호
주소 서울특별시 마포구 동교로19길 28(서교동 448-9)
홈페이지 willbookspub.com 전화 02-323-3777 팩스 02-323-3778
블로그 blog.naver.com/willbooks 트위터 @onwillbooks 인스타그램 @willbooks_pub

ISBN 979-11-5581-880-0 (03100)

• 책값은 뒤표지에 있습니다.
• 잘못 만들어진 책은 구입하신 서점에서 바꿔드립니다.
• 이 책의 내용은 저작권자의 허락 없이 AI 트레이닝에 사용할 수 없습니다.